# 资产管理
## 在事业单位经济管理中的作用

张荣兰◎著

38%

25%

25%

12%

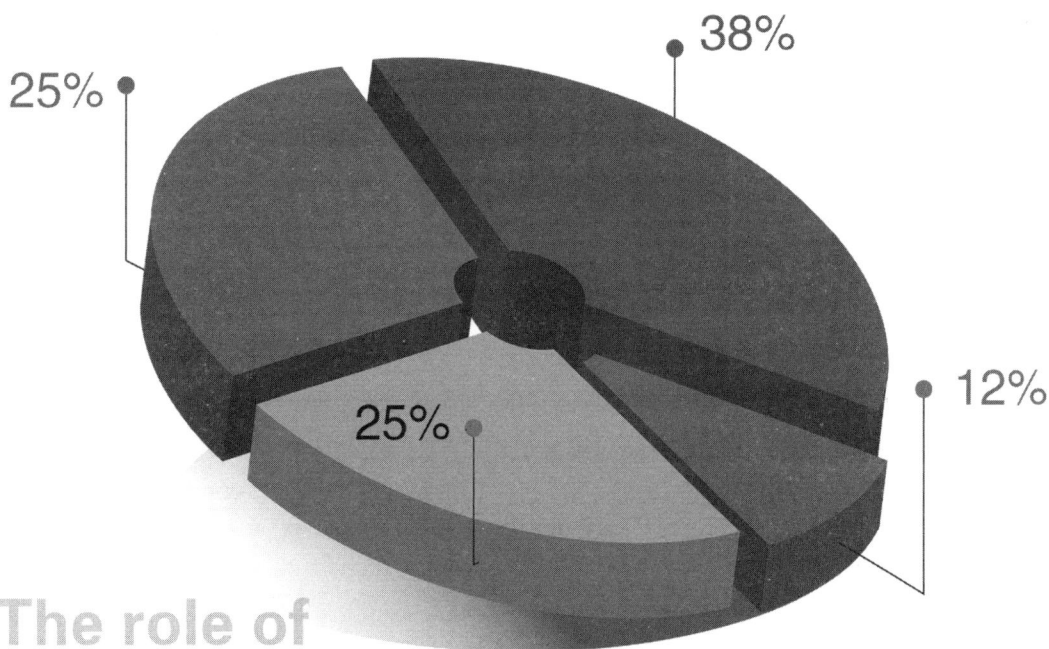

The role of
## ASSET
MANAGEMENT
in the economic management of public institutions

中国原子能出版社
China Atomic Energy Press

**图书在版编目（ＣＩＰ）数据**


资产管理在事业单位经济管理中的作用 / 张荣兰著
. –– 北京 :中国原子能出版社, 2020.8（2021.9重印）
ISBN 978–7–5221–0713–4


Ⅰ.①资… Ⅱ.①张… Ⅲ.①资产管理—作用—行政
事业单位—财政管理—研究—中国 Ⅳ.①F812.2


中国版本图书馆CIP数据核字(2020)第134699号

--------------------------------------------------------


**资产管理在事业单位经济管理中的作用**

| | | |
|---|---|---|
| 出　　版 | 中国原子能出版社(北京市海淀区阜成路43号 100048) | |
| 责任编辑 | 蒋焱兰（邮箱:ylj44@126.com QQ:419148731） | |
| 特约编辑 | 李　洁　单　涛 | |
| 印　　刷 | 三河市南阳印刷有限公司 | |
| 经　　销 | 全国新华书店 | |
| 开　　本 | 787mm×1092mm  1/16 | |
| 印　　张 | 9.25 | |
| 字　　数 | 150千字 | |
| 版　　次 | 2020年8月第1版　　2021年9月第2次印刷 | |
| 书　　号 | ISBN 978–7–5221–0713–4 | |
| 定　　价 | 45.00元 | |

出版社网址:http://www.aep.com.cn　E–mail:atomep123@126.com
发行电话:010–68452845　　　**版权所有 侵权必究**

# 前 言
PREFACE

事业单位的经济管理主要是指事业单位从事经济管理活动所期望要达到的经济目标。事业单位的职能就是为社会提供更好更优质的服务,推进社会更快更好的发展,为人民提供更为舒适的生存空间,使社会价值最大化,而不是追求利益最大化,这一点和企业有很大区别。在我国,事业单位和国家联系非常紧密,也就造成了事业单位的各项支出占据国家财政支出的相当一部分,太过沉重的经济压力会对我国的发展造成影响,尤其是现如今事业单位体制的不断优化改革,事业单位逐渐向市场化发展,为我国事业单位的经济发展提供了很大的空间,所以在继续我国事业单位公益性发展的同时,对其经济效益也需重视起来,为事业单位的经济管理目标分层,不但可以优化市场经济体制,提高效益,而且能够为国家财政减压,将事业单位的公益性进一步突出。

在资产管理方面,如有必要,资产管理部门应提供关于资产和收益使用情况的所有信息,如资产统计分析报告、资产使用清单和相关数据记录。事业单位的预算工程是一项非常烦琐的系统化的工程,需要进行比较严格的监督和管理,建立起完善的预算监督体制,同时相关工作人员要做好预算管理的各项工作。与此同时,在预算管理制度的过程汇总时,内部审计人员和监督人员要参与其中,确保比较高的参与度。同时要将预算编制和执行情况进行公布,使社会群众发挥出自身的监督权力,从而使事业单位的预算管理信息达到及时性和共享性。财务管理其实与资产管理是相互关联,不可分割的,财务管理主要是对事业单位在金钱上的收支进行管理。将资产管理、预算管理以及财务管理这三者相结合,形成三者之间的相互监督和制约的关系,完善行政事业单位中的管理制度,并且提高事业单位在预算、结算等工作中的效率。

所有的经济发展都是由慢至快的,在明确了具体目标之后,就要朝着这个目标去努力,通过一系列的制度改革,事业单位自身和国家政策的帮扶,大力加快事业单位改革的步伐,更好地为人民、社会服务。在新的发展趋势下,要通过完善事业单位的经济管理水平确保事业单位资金的效率,同时还可以有效体现事业单位经济管理的应用价值,完成事业单位可持续发展的目标。

张荣兰

2020 年 5 月

# 目 录
CONTENTS

# 第一章 资产管理概述

## 第一节 资产管理理论综述

**一、资产的概念**

资产一般是指国家、企业、事业或者其他单位以及个人过去的交易或事项形成的,所拥有或者控制的、能以货币计量的、预期会给其带来经济利益的资源,包括各种财产、债权和其他权利。

对资产含义的正确认识,要注意以下两个方面。

**(一)区别会计学与经济学的资产**

在会计学中,根据《会计准则》资产定义为:"资产是指企业过去的交易或者事项形成的、由企业拥有或者控制的、预期会给企业带来经济利益的资源。"在经济学中,资产被定义为:经济主体拥有或控制的并具有效用价值的履行的财产或无形的权利①。

会计学和经济学对资产的认定主要区别在于:会计学强调收益的货币形态的可计量性;而经济学则强调,主要能增进人们的效用价值,就应认定为有收益。如环境资源,在会计学上是无法或很难估计其带来的收益的,因此它也很难被会计学认同为一项资产,但在经济学分析中,环境资源毫无疑问是作为一项重要的资产来考察的。

与此相联系的是,会计学意义上的资产的局限还在于,其研究领域缺乏对共有资产主体的涵盖,因为资产的共同拥有问题往往是与资

---

①陈秉群. 行政事业单位国有资产管理实用手册[M]. 上海:立信会计出版社,2010.

产收益的非货币计量属性相关联的。所以,在讨论广泛的经济生活中的资产管理问题时,切不可以会计学上的资产来以偏概全,否则在研究工作中势必出现整体性的偏差。特别是研究国有资产管理问题时,经常要涉及的是那些不能带来会计收益,但又确确实实能够带来看得见、摸得着的收益的资产,如上述的环境资源。

此外,会计学中的资产往往将人们的注意力集中于整个经济中的小部分,如注重某一个企业的盈利最大化方面;而经济学中的资产,一般要引导人们注意的则是全民经济利益的最大化。

**(二)注意资产存在形态的多样性**

资产的存在形态是多种多样的,最需要注意的就是无形资产。无形资产是指特定主体所拥有、没有实物形态的非货币性资产,一般能使其主体在未来一段时期内获得较高的收益,但也具有较大的不确定性。

对无形资产这一概念,经济工作者往往从企业的角度都会有一些或多或少的认识,但事实上,国有资产也存在着无形资产问题。随着世界经济的一体化,国际、政治经济合作的不断加强,一个国家在国际社会中的政治、经济影响对其发展越来越重要。一国在世界中的政治信誉和经济信用等,会极大影响其在国际社会中的政治地位,也会影响一国的整体发展。从某种角度说,一国在国际社会中投入的无形资产所带来的效益,有时要高于其他资产带来的效益。如某一国家对国外遭遇困难地区的某种援助、对国际组织所作出的承诺,这些都会提高其在国际上的政治影响,增强其政治、经济信誉及其影响力。再如,强国元首、高官之间的互访等,都会提升两国在国际上的政治、经济影响力,加之两国政治上亲和关系的影响,这种无形资产会加大两国在经贸上的合作,促进两国经济的发展。

综上所述,资产是指企业过去的交易或者事项形成的、由企业拥有或者控制的、预期会给企业带来经济利益的资源。它是企业从事生产经营活动的物质基础。

**二、资产的特点**

对于一项资源,只有具备以下三个基本特征时,才能被认为是会计上的资产。

第一,资产是由于过去的交易或事项所形成的。也就是说,资产必须是现在的资产,而不能是预期的资产,是企业在过去的一个时期里,通过交易或事项所形成的资源。未来交易或事项以及未发生的交易或事项可能产生的资源,则不属于现在的资产,不得作为企业的资产。

第二,资产是企业所拥有的或者控制的。通常情况下,企业应对其资产拥有所有权,企业可以按照自己的意愿使用或处置该项资产,其他企业或个人未经同意,不能擅自使用。但在某些情况下,对于一些特殊方式形成的资产,如融资租入的固定资产,企业虽然对其不能拥有所有权,但实际上能够对其实施控制,按照实质重于形式的原则,也应当视为企业的资产。

第三,资产是预期会给企业带来经济利益的。这也是资产的最重要的特征。所谓给企业带来未来经济利益,是指直接或间接地增加流入企业的现金或现金等价物的潜力,这种潜力可以单独或与其他资产结合起来产生净现金流入。预期不能带来经济利益的,就不能作为企业的资产。同样,对于企业已经取得的某项资产,如果其能带来的未来经济利益已经不复存在,就应该将其剔除。例如,已失效或已损毁的货物,它们已经不能给企业带来经济利益,就不应该再作为企业的资产,否则,就将虚增企业的资产。

会计学中,资产被认为是各种被占用或运用的资金存在形态,强调资金的实际投入和运用,没有资金的投入和运用就没有资产,对于那些在实际经济生活中确实存在的,但没有占用或消耗资金或者资金消耗费无法估量的资产则派出在核算内容之外,如自创荣誉、人力资源等。而资产评估强调的是资产的现实存在性,只要是现实存在的、能给企业带来未来经济利益的资源均应纳入评估对象范围,资产评估中的资产范围比会计学中资产的范围要宽。此外,会计学对资产的计价强调历史成本原则,通过反映资产的取得成本,对一些资产的现实价值则不能完全有效地反映出来,而资产评估强调资产在模拟市场条件下的现实价值。因此,会计学中资产的范围并不能完全包含资产评估的对象。

因此,按照中国的企业会计准则,符合上述资产定义的资源,还要在同时满足以下条件时,才能确认为资产:①与该资源有关的经济利益很可能流入企业。②该资源的成本或者价值能够可靠地计量。

此外,中国的企业会计准则还进一步规定:符合资产定义和资产确认条件的项目,应当列入资产负债表;符合资产定义、但不符合资产确认条件的项目,不应列入资产负债表。

### 三、资产的分类与计价

#### (一)资产的分类

根据不同的标准可以对资产进行不同的分类。

按不同的主体,可以将资产分为私有资产和国有资产:①私有资产。私有资产是由个人、经济组织拥有的资产。一般是个人、经济组织通过构建等方式形成并拥有。主要包括两类:一是自然人拥有的资产,即个人财产;二是除了国有单位以外的法人,包括其他各种营利性组织和非营利性组织所拥有的资产。②国有资产。国有资产是根据有关法律规定由国家拥有的资产。一般是根据国家有关法律规定或国家投资所形成的。

按照流动性可将资产分为流动资产、长期投资、固定资产、无形资产和其他资产。

1.流动资产

流动资产是指可以在1年或超过1年的一个营业周期内变现或者

耗用的资产,主要包括货币资金、短期投资、应收和预付款项、存货、待摊费用等。

短期投资是指能够随时变现并且持有时间不准备超过1年(含1年)的投资,包括股票、债券、基金等。短期投资通常易于变现,且持有时间较短,不以控制被投资单位为目的。作为短期投资应当符合两个条件:一是能够在公开市场交易并且有明确市价,例如,各种上市的股票、债券和基金等;二是持有投资作为剩余资金的存放形式,并保持其流动性和获利性,这一条件取决于管理当局的意图。

待摊费用是指企业已经支出,但应由本期和以后各期分别负担的分摊期限在1年以内(包括1年)的各项费用,如低值易耗品摊销、预付保险费以及一次购买印花税票和一次交纳印花税税额较大时需分摊的数额等。

2.长期投资

长期投资是指除短期投资以外的投资,包括持有时间准备超过1年(不含1年)的各种股权性质的投资、不能变现或不准备随时变现的债券投资、其他债权投资和其他长期投资等。

长期投资按投资性质的不同,一般分为长期股权投资和长期债权投资两类。

(1)长期股权投资

长期股权投资按照持股的对象可以分为长期股票投资和其他长期股权投资两类。长期股票投资是指以通过购买股票的方式向被投资单位投入长期资本。与短期股票投资不同的是,企业作为长期股票投资而购入的股票不打算在短期内出售,不是为获取股票买卖差价来取得投资收益,而是为在较长的时期内取得股利收益或对被投资方实施控制,使被投资方作为一个独立的经济实体来为实现本企业总体经营目标服务。从法律上讲,股票投资的投资方最终按其投资额占被投资方股本总额的比例享有经营管理权、分享收益权和亏损分担责任。

其他长期股权投资是指企业以购买股权而不以持有股票的方式对受资方进行的投资,通常是在企业联营、合资过程中以现金、存货、固定资产等实物投资或者以无形资产投资。

长期股权投资具有如下特点。

第一,长期持有。长期股权投资目的是为了长期持有被投资单位的股份,成为被投资单位的股东,通过所持有的股份对被投资单位实施控制或施加重大影响,或为了改善和巩固贸易关系等。

第二,获取经济利益,并承担相应的风险。长期股权投资的最终目标是为了获取较大的经济利益,这种经济利益可以通过分得利润或股利获取,也可以通过其他方式取得。但是,如果被投资单位经营状况不佳,或者进行破产清算等时,投资企业作为股东,也需要承担相应的投资损失。

第三,除股票投资外,长期股权投资通常不能随时出售。投资企业一旦成为被投资单位的股东,一般情况下不得随意抽回投资。

第四,相对于长期债权投资而言,长期股权投资的风险较大。

(2)长期债权投资

长期债权投资是指企业通过购买债券、委托金融机构贷款等方式,取得被投资单位债权而形成的对外投资,主要包括债券投资和其他债权投资。

按照投资的对象,长期债权投资可以分为长期债券投资和其他长期债权投资两类。长期债券投资是指企业购入并长期持有国家或企业单位发行的期限超过1年的债券。其他长期债权投资是指除了长期债券投资以外的长期债权投资,如企业将多余资金委托银行贷款而形成的债权性质的投资。

长期债权投资具有如下特点。

第一,债权投资只能获取被投资单位的债权,即定期收取利息、到期收回本金的权利。一般条件下,债权人无权参与被投资单位的管理和经营决策。

第二,债权投资可以转让,但在债权投资的有效期内,除事先约定外,投资方一般不能要求债务单位提前偿还本金。

第三,债权投资与股权投资一样存在一定的风险,即能否按期收回本息的风险。

企业应当定期对长期投资的账面价值逐项进行检查,至少于每年年末检查一次。如果由于市价持续下跌或被投资单位经营状况变化等原因导致其可收回金额低于投资的账面价值,应将可收回金额低于长期投资账面价值的差额,计提长期投资减值准备,确认为当期投资损失。

3.固定资产

固定资产,指同时具有以下特征的有形资产:①为生产商品、提供劳务、出租或经营管理而持有的。②使用年限超过一个会计年度。③单位价值较高。通常是指使用期限超过1年的房屋、建筑物、机器、机械、运输工具以及其他与生产、经营有关的设备、器具、工具等。不属于生产经营主要设备的物品,单位价值在2000元以上,并且使用年限超过2年的,也应当作为固定资产。

4.无形资产

无形资产是指企业为生产商品或者提供劳务、出租给他人、或以管理目的而持有的、没有实物形态的非货币性长期资产。无形资产分为可确指无形资产和不可确指无形资产。可确指无形资产包括专利权、非专利技术、商标权、著作权、土地使用权等;不可确指无形资产是指商誉。

企业自创的商誉,以及未满足无形资产确认条件的其他项目,不能作为无形资产。无形资产一般具有如下特征。

第一,没有实物形态。无形资产所体现的是一种权力或获得超额利润的能力,它没有实物形态,但却具有价值,或者能使企业获得高于同行业一般水平的赢利能力。不具有实物形态是无形资产区别于其他资产的显著标志。

第二,能在较长的时期内使企业获得经济效益。无形资产能在多个生产经营期内使用,使企业长期受益,因而,属于一项长期资产。

第三,持有的目的是使用而不是出售。企业持有无形资产的目的是用于生产商品或提供劳务、出租给他人,或为了管理目的,而不是为了对外销售。

第四,能够给企业提供未来经济效益的大小具有较大的不确定性。无形资产的经济价值在很大程度上受企业外部因素的影响,其预期的获利能力不能准确地加以确定。

第五,通常是企业有偿取得的。只有花费了支出的无形资产,才能作为无形资产入账。否则,不能作为无形资产入账。

无形资产只有在满足以下条件时,企业才能加以确认:①该资产为企业获得经济利益很可能流入企业。②该资产的成本能够可靠地计量。

无形资产可按不同的标准进行分类:按能否确指划分,分为可确指无形资产和不可确指无形资产;按其来源划分,分为外来的无形资产和自创的无形资产;按其有无限期划分,可分为有限期无形资产和无限期无形资产。

5.其他资产

其他资产是指除流动资产、长期投资、固定资产、无形资产以外的其他资产,如临时设施和长期待摊费用等。

第一,临时设施是指施工企业为保证施工生产活动和管理活动的正常进行而在施工现场建造的供施工生产和生活使用的临时房屋、建筑物、构筑物和其他各种临时性的简易设施。

第二,长期待摊费用是指企业已经支出,但摊销期限在1年以上(不含1年)的各项费用,如租入固定资产的改良支出等。应当由本期负担的借款利息、租金等,不得作为长期待摊费用处理。

**(二)资产的计价**

1.资产计价的意义和原则

资产计价是指以货币来计量企业各种财产物资的实际价值的一种方法,它是会计计量的核心内容。一般包括流动资产、固定资产、长期投资、无形资产和其他资产等的计价。选择不同的计价方法对企业而言有着不同的影响:①会影响企业拥有资产数额的多少。②会影响企业一定时期费用成本的高低。③会影响企业一定时期利润的大小。④会影响国家所得税收入的多少。⑤会影响企业的长远发展。

因此,选择正确的资产计价方法,对于企业的资产管理有着十分重要的意义。要学习资产计价,首先应该掌握资产计量有以下6种属性。

(1)实际成本

所谓实际成本,即取得或制造某项财产物资时所实际支付的现金或其他等价物。实际成本核算原则要求对企业资产、负债和所有者权益等项目的计量应基于经济业务的实际交易价格或成本,而不考虑随后市场价格变动的影响。

(2)重置价值

重置价值是指按当前生产条件和市场供应情况,重新购置或建造某项相同或类似资产所需的全部支出。即按照目前如果要购置相同或类似资产将必须支付的现金或现金等价物的金额加以记录。

(3)销售价值

销售价值是指正常交易过程中出售资产而可以收回的货币资金数额,也就是现行销售价格。

(4)清算价值

清算价值(脱手价值)是指企业停止经营进行清理财产时,变卖资产的成交价格。

（5）可变现净值

可变现净值是指企业在正常经营过程中，估计的售价减去估计完工成本及销售所必需的估计费用后的价值。

（6）未来现金净流量

它是正常交易过程中可望变换成未来现金流入的现值减去为实现这一现金流入所需的现金流出的现值，即：未来现金净流量=未来现金流入现值-为此所需的现金流出现值。在资产计价的过程中，应该牢记资产计价统一性和实际成本的原则。

资产的统一性原则要求必须采用规定的资产计价方法并在不同期间保持一致，而不随意改变。资产的实际成本原则是指会计准则规定，各项资产均按取得时的实际成本计价，包括取得时按其实际成本计价入账，耗用（和售出）资产，也按其实际成本计价入账，结存资产按实际成本反映其账面价值，而不得随意调整。

2.流动资产的计价

应收账款计价的核心问题是确定坏账损失的数额。在会计上，将不能收回或收回可能性很小的应收账款称为坏账。坏账损失是指由于发生坏账而产生的损失。坏账的确认标准分别有以下两个，第一，由于债务人破产、死亡、资不抵债、现金流量不足等原因导致不能收回的应收账款；第二，债务人逾期未履行偿债义务，有确凿证据表明应收款项不能收回或收回的可能性不大或逾期但无确凿证据表明能收回。

**四、资产管理业务与企业资产管理**

**（一）资产管理公司**

凡是主要从事信托业务的机构或组织都可以称为资产管理公司。资产管理公司可以分为两类：一类是进行正常资产管理业务的资产管理公司，没有金融机构许可证；另一类是专门处理金融机构不良资产的金融资产管理公司，持有银行业监督委员会颁发的金融机构许可证。

1.非金融资产管理公司

一般情况下,商业银行、投资银行、证券公司等金融机构都通过设立资产管理业务部或成立资产管理附属公司来进行正常的资产管理业务。它们属于第一种类型的资产管理业务。基于这种正常的资产管理业务分散在商业银行、投资银行、保险和证券经纪公司等金融机构的业务之中。

2.金融资产管理公司

组建金融资产管理公司来管理和处置银行的不良资产是国际上的通行做法。美国在20世纪80年代直到90年代初,曾经发生过一场影响很大的银行业危机。当时,美国约有1600多家银行、1300家储蓄和贷款机构陷入了困境。为了化解危机,联邦存款保险公司、联邦储蓄信贷保险公司竭尽全力进行了援助,美国政府也采取了一系列措施,设立了重组信托公司(Resolution Trust Corporation,RTC)对储贷机构的不良资产进行处置。RTC在1989~1994年经营的五年多时间,在化解金融风险,推进金融创新等方面多有建树,被公认为是世界上处置金融机构不良资产的成功典范。在某种意义上可以说,正是自RTC开始,组建资产管理公司成了各国化解金融风险,处置不良资产的通行做法。我国金融资产管理公司是经国务院决定设立的收购国有独资商业银行不良贷款,管理和处置因收购国有独资商业银行不良贷款形成的资产的国有独资非银行金融机构。金融资产管理公司以最大限度保全资产、减少损失为主要经营目标,依法独立承担民事责任。

**(二)资产管理业务与企业资产管理**

如前所述,理解资产管理业务,一般有以下几个要点。

1.资产管理业务是一种委托代理关系

资产所有人将其所有的资产委托给受托人经营、管理,目的是实现资产的保值与增值。其中,根据我国《证券公司证券资产管理业务试行办法》,资产受托人为证券公司,其他单位和个人一般不具有资产管理资格。

2.资产管理业务是一种理财服务

受托人为委托人提供的理财服务,包括对资产进行投资、经营、运作等。因此,资产管理业务是一种金融服务。

而企业资产管理,是企业自身作为管理主体,以企业内部的有形资产(如生产设备、厂房设施、交通工具、库存等)为管理对象,以降低总体维修成本、提高维修效率和投资回报为目标的资产管理行为。

因此,企业资产管理针对的是一般意义上的企业,不再只针对国有企业;所管理的资产也是一般意义上的资产。企业资产管理一般可设计出可行的操作流程,以工单等为操作结点,从企业资产的采购管理、验收管理、库存管理,到企业资产的日常管理,最后到企业资产的维修、清查、报废管理,贯穿企业资产的整个寿命过程。可见,企业资产管理融合了先进设备维护管理思想,并集企业各项设备管理功能于一身。

# 第二节　资产管理的体系与目标

## 一、资产管理体系

### (一)资产管理主体

资产管理主体,是指享有或者拥有资产财产权或具体享有资产财产权某一项权能,享有与资产财产权有关的财产权利的国家、组织、单位、法人和自然人。

在历史上,国家和个人较早地成为资产财产权的主体和运用这种权利从事监督管理经营活动的主体。当国家财产权的各项权能未发生分解时,运用各项财产权能的人就是国家产权主体,对国家财产拥有完整的财产权。

在现代社会,国家财产权的各项权能发生了分解,国有产权主体可以不拥有完整的国家财产权。它可以是国家财产所有权的主体,可以是国家财产占有使用权的主体,也可以是国家财产收益权的主体,还可以是享有国家财产权某几项权能的主体。在我国,资产的所有者、占有使用者、管理者、运营者以及资产的经营者等,都是资产的产权主体。

国家是国有产权的特殊主体。国家是由履行国家职能的各个政府机关组成的社会组织。国家运用资产财产权的性质,决定国家的性质;经济基础决定上层建筑。在剥削阶级占统治地位的国家,资产财产权的运用是为了维护生产资料的私有制。在社会主义国家,资产财产权的运用是为了巩固和发展壮大生产资料的社会主义公有制。

在社会主义市场经济体制下,随着资产财产权的各项权能得到科学的分解,资产管理主体出现多元化的趋势,政府的资产监督管理机构、企业法人和事业单位都在不同层次上履行国家资产财产权主体的职能,从而为发展社会主义市场经济创造了条件[①]。

**(二)企业国有资产监督管理机构**

企业国有资产监督管理机构是政府特设的履行出资人职责的机构,属于国有资产所有权和占有使用权监督管理机构,代表国家履行国有资产所有者和占有使用者职能,在国务院为国家国有资产监督管理委员会,在各省、市、县为各级地方政府国有资产监督管理委员会。企业国有资产监督管理机构根据本级政府授权,依照《中华人民共和国公司法》(以下简称《公司法》)等法律和行政法规履行出资人职责,监管所属企业(不含金融类企业)的国有资产,加强国有资产的管理工作。

《企业国有资产法》第12条规定:"履行出资人职责的机构代表本

---

① 杨晓峰. 浅谈企业固定资产管理[J]. 中国商论,2019(23):142-144.

级人民政府对国家出资企业依法享有资产收益、参与重大决策和选择管理者等出资人权利。"概括地说,企业国有资产监督管理机构的职责包括以下方面。

**1.制定出资企业章程**

履行出资人职责的机构依照法律、行政法规的规定,制定或者参与制定国家出资企业的章程。

**2.报告重大事项**

履行出资人职责的机构对法律、行政法规和本级人民政府规定须经本级人民政府批准的履行出资人职责的重大事项,应当报请本级人民政府批准。

**3.行使表决权**

履行出资人职责的机构委派的股东代表参加国有资本控股公司、国有资本参股公司召开的股东会会议、股东大会会议,应当按照委派机构的指示提出提案、发表意见、行使表决权,并将其履行职责的情况和结果及时报告委派机构。

**4.保障出资人权益**

履行出资人职责的机构应当依照法律、行政法规以及企业章程履行出资人职责,保障出资人权益,防止国有资产损失。履行出资人职责的机构应当维护企业作为市场主体依法享有的权利,除依法履行出资人职责外,不得干预企业经营活动。

**5.负责国有资产保值增值**

履行出资人职责的机构对本级人民政府负责,向本级人民政府报告履行出资人职责的情况,接受本级人民政府的监督和考核,对国有资产的保值增值负责。

**6.报告资产情况**

履行出资人职责的机构应当按照国家有关规定,定期向本级人民政府报告有关资产总量、结构、变动、收益等汇总分析的情况。

### (三)国有资本运营公司和国家出资企业的职责

1.国有资本运营公司的职责

国有资本运营公司经国家授权履行国有资产所有者和占有使用者的职能。其主要职责包括以下四个方面。

(1)运营国有资本

国有资本运营公司的基本职责是运营国有资本、运作国有产权,包括国有股权,代表国家行使国有资产所有者和占有使用者职能。

(2)优化国有资产配置

依据国家产业政策,通过组织国有资本投入、国有资本流动、国有产权交易转让,实现国有资本的优化配置和产业结构的调整。

(3)壮大国有资本实力

通过对国有产权的优化重组,闲置资产的处置,实现企业的兼并、联合、控股、参股,形成具有国际竞争能力的大型企业集团,实现国有资产的保值增值。

(4)实施间接调控

通过国有产权的运作,国家资本投入的增加和减少,国有资产收益的收缴和留用比例的确定,国家控股、参股比例的变化,引导社会资金的流向和流量,带动其他所有制经济形式的发展,发挥国有资本在国民经济中的主导作用。

2.国家出资企业的职责

国家出资企业,是指国家出资的国有独资企业、国有独资公司,以及国有资本控股公司、国有资本参股公司。国家出资企业的主要职责包括以下方面。

(1)依法经营,对出资人负责

国家出资企业从事经营活动,应当遵守法律、行政法规,加强经营管理,提高经济效益,接受人民政府及其有关部门、机构依法实施的管理和监督,接受社会公众的监督,承担社会责任,对出资人负责。

（2）完善治理结构,健全监督管理制度

国家出资企业应当依法建立和完善法人治理结构,建立健全内部监督管理和风险控制制度。

（3）建立健全财务会计制度

国家出资企业应当依照法律、行政法规和国务院财政部门的规定,建立健全财务、会计制度,设置会计账簿,进行会计核算,依照法律、行政法规以及企业章程的规定向出资人提供真实、完整的财务、会计信息。

（4）缴纳国有资产收益

国家出资企业应当按照财政部门和国有资产监督管理委员会的要求,依照法律、行政法规以及企业章程的规定,向出资人缴纳股息红利等国有资产收益。

（5）设立监事会

国有独资公司、国有资本控股公司和国有资本参股公司依照《公司法》的规定设立监事会。国有独资企业由履行出资人职责的机构按照国务院的规定委派监事组成监事会。国家出资企业的监事会依照法律、行政法规以及企业章程的规定,对董事、高级管理人员执行职务的行为进行监督,对企业财务进行监督检查。

（6）实行民主管理

国家出资企业依照法律规定,通过职工代表大会或者其他形式,实行民主管理。

（7）对出资企业享有出资人权益

国家出资企业对其所出资企业依法享有资产收益、参与重大决策和选择管理者等出资人权利。国家出资企业对其所出资企业,应当依照法律、行政法规的规定,通过制定或者参与制定所出资企业的章程,建立权责明确、有效制衡的企业内部监督管理和风险控制制度,维护其出资人权益。

**（四）资产管理主体之间的关系**

1.国务院与国有资产监督管理机构之间的关系

国务院与中央级企业国有资产监督管理机构、行政事业单位国有资产监督管理机构、资源性国有资产监督管理机构之间，是授权与被授权关系，实行分工管理的原则，即国务院授权各中央政府职能部门，分工履行国有资产监督管理职能。

2.中央与地方国有资产监督管理机构之间的关系

中央级企业国有资产监督管理机构、行政事业单位国有资产监督管理机构、资源性国有资产监督管理机构，与省、市、县级相应机构之间，是指导与被指导关系，实行分级管理原则。地方各级分工管理国有资产的部门，在中央统一政策指导下，分级管理所辖范围内的国有资产。

3.企业国有资产监督管理机构与国有资本运营公司之间的关系

各级企业国有资产监督管理机构与各级国有资本运营公司之间，为授权与被授权关系。各级企业国有资产监督管理机构授权同级国有资本运营公司运作国家资本。

4.企业国有资产监督管理机构与国家出资企业之间的关系

各级企业国有资产监督管理机构与各级政府所属的国家出资企业之间，为企业国有资产的所有权、占有使用权与经营执行权关系。各级企业国有资产监督管理机构对同级国有资产国家出资企业履行所有者和占有使用者职能，后者对国有资产监督管理机构负责，履行国有资产保值增值的义务。

5.国有资本运营公司与国家出资企业之间的关系

国有资本运营公司与同级国家出资企业之间，为企业国有资产的所有权、占有使用权与公司法人财产权关系。国有资本运营公司经授权对其控股和参股的国家出资企业行使所有者和占有使用者职责，国家出资企业依据法人财产自主经营，对股东负责，履行公司法人义务。

6.各级国有资本运营公司之间、国家出资企业之间的关系

各级国有资本运营公司之间,以及各级国家出资企业之间,是独立法人之间的关系,可以建立产权交易关系,通过产权交易,促进自由竞争、资本流动,打破地区封锁,实现资产优化配置。

## 二、资产管理的目标

### (一)政治目标

资产管理的政治目标,是指资产的管理经营要实现为国家履行政治职能提供物质基础和促进社会主义生产关系不断完善的预期目的。

1.为国家履行政治职能提供物质基础

提供物质基础的实质是满足国家机器正常运转的物质需要。其具体表现为:①加强行政事业单位资产投入的管理,可以为国家履行政治职能提供物质保证。②加强行政事业单位资产存量的管理,可以促进行政事业单位合理利用资产,充分发挥行政事业单位资产的作用,避免损失浪费。③加强资源性资产的管理经营,可以维护国家经济主权的利益。

2.促进社会主义生产关系不断完善

资产管理始终要有利于生产关系的变革。生产力的发展要求生产关系与之相适应。社会主义初级阶段多层次的生产力发展水平,要求社会主义公有制有多种实现形式与之相适应。加强资产管理对于实现这一目标起着重要作用。其主要表现为:①加强资产管理,有助于建立现代企业制度,巩固国有经济在国民经济中的主导地位,符合社会化大生产的要求,能够推进社会生产力的进一步发展。②有助于提高国有企业的经济效益,增加财政收入,完善国家与企业、职工之间的关系。③有助于壮大国有经济实力,通过明晰产权关系,维护资产所有者、占有使用者和经营执行者的合法权益,巩固社会主义公有制。

### (二)社会目标

资产管理的社会目标,是指资产管理要达到促进社会进步、社会

安定和社会公平的预期目的。

**1.社会进步**

社会进步是指文化、教育、卫生、体育、科学技术等社会事业的发展水平与经济发展水平相适应,国民素质的提高与物质生活质量的提高相适应。加强资产管理,对于实现社会进步目标具有重要意义,其主要表现为:①加强资产在社会事业领域的投入管理,有助于提高国民素质,改善人民的社会生活环境,提高人民的社会生活质量。②有助于优化社会事业结构,促进社会事业发展,避免浪费,提高资产的社会效益。

**2.社会安定**

社会安定是经济发展的社会条件。其基本内涵是保证国民有基本的生存条件和平等的就业机会。加强资产管理对于促进社会安定起着重要作用,其主要表现为:①国有经济的发展可以创造更多的社会财富,从而为社会保障事业的发展提供更多的资金,保证国民有平等的生存权利和基本的生存条件。②国家资本金的投入以及政府投资企业的发展壮大,可以为社会成员提供更多的就业机会。③资源性资产的开发利用,也会容纳更多的劳动力,从而有助于社会安定。

**3.社会公平**

促进社会公平是现代中国社会发展的迫切需要。随着我国工业化、城镇化和经济结构调整的加速,社会组织形式、就业结构、社会结构变革的加快,一些突出的社会矛盾和问题亟待解决。在发展社会主义市场经济过程中,出现了各种不同的利益群体,产生了多样化的利益需求,社会关系更为复杂,人民内部利益矛盾出现新情况。城乡发展不平衡、地区发展不平衡、经济社会发展不平衡的矛盾尤为突出,缩小发展差距和促进经济社会协调发展任务艰巨。

加强资产管理对于促进社会公平起着重要作用,其主要表现为:①通过国有资本投入促进西部大开发、东北地区老工业基地的振兴、中部地区崛起以及社会主义新农村建设,可以有效地促进区域、城乡协调发展。②通过国有资本投入实施工业反哺农业、城市支持农村,促进城乡统筹发展,缩小城乡差距,提高社会公平程度。

**(三)经济建设目标**

资产管理的经济建设目标,是指资产的管理要达到资源有效配置和经济成长的预期目的。

1.资源有效配置

资源有效配置是指把社会劳动按比例分配于物质生产领域各部门,使有限的资源(包括人力、物力和财力)达到最佳组合,实现社会经济效益的最大化。资产管理对资源有效配置起着极为重要的作用,其主要表现为以下几个方面。

(1)促进国民经济结构优化

国家资本投入的管理,是优化资源配置的最直接和最有效的手段。国家财政的经济建设投资,实际上是国家资本金的投入。有效投入、合理投入和节约投入,对国民经济结构的优化和各产业部门的协调发展起着决定性的作用。

(2)充分利用存量资产

资产存量的管理,是实现资源有效配置的重要手段。资产存量,是国家资本投入的结果,它以资产形式出现,是构成资源配置结构的基础。加强资产存量的管理,可以有效地发挥现有资产的作用。对资产存量进行优化重组,可以充分利用资产,使之产生最大的经济效益。

(3)调整产业结构

资产收益分配的管理,是优化资源配置的主要手段。国家财政分配一方面要求依据国家政治主权和经济主权取得税收收入,以维护国家主权的利益;另一方面要求依据生产资料国家所有权和占有使用权获得投资收益,以维护生产资料国家所有者和占有使用者的权益。同时,还要求依据资产经营执行权,使资产经营者得到经营收益,以维护经营者的合法权益。国家通过组织资产收益可以调整国民收入初次分配格局,通过安排资产投资可以调整产业结构,使有限的资源得到最合理的利用。

2.经济成长

经济成长是指一个国家与商品生产和劳务提供的增长相适应的生产能力的增长状况。它表明经济发展的速度,通常表现为经济成长率,即由国民生产总值增长率(CNP 比率)来表示。为了实现经济成长,生产资源的有效利用、资本量的扩充以及资本质的改进是不可或缺的。加强资产管理对经济成长起着决定性的作用,其主要表现为以下几个方面。

(1)有效利用生产资源

资产投入的管理、资源性资产的管理、金融性资产的管理、资产的处置管理、资产收益分配的管理,都可以促进财力的有效利用。例如,国家资本金的投入管理,可以提高财力的利用效果;资源性资产的管理,可以促进自然资源的合理开发利用;金融性资产的管理,可以动员引导社会资金的流量和流向;资产处置管理,可以实现资产的重新组合和充分利用;而资产收益分配管理,则可以实现财力资源的优化配置等。

(2)有效扩充资本量

国家资本金的投入可以直接增加社会资本总量;国有金融性资产的管理,可以集中社会闲散资金,吸引外资,用于经济建设,增加社会资本总量;加强国家出资企业的资产管理,可以提高经济效益,提供更多的税收和投资收益,增加国家可用于经济建设的资本量。

(3)有效改进资本质量

国家资本金用于固定资产更新、技术革新和高新技术产业的投入,可以有效地提高社会生产的技术水平,改进资本质量,推动生产力的进一步发展,为社会生产创造出更多的物质财富。

### (四)行政事业单位资产管理的目标

行政事业单位资产管理,是对作为国家履行行政管理职能和社会职能所占有使用的资产的管理,包括对党政机关、社会团体、军队、学校、科研单位等行政事业单位占有使用的建筑物、交通运输工具、办公设备、军事设施和装备、科研仪器设备等的管理。事业单位资产管理的目标有以下几个方面。

1. 确保资产所有者权益

保障资产的完整和安全,合理、有效、节约使用资产,防止资产流失和被侵占,推动资产的合理配置和有效使用。

2. 实行制度管理

建立健全事业单位资产占有使用的管理制度、统计报告制度和监督制度,实现资产管理工作法制化、经常化和科学化。

3. 实行预算管理

对转作经营性用途的资产,要明确产权归属,实行有偿使用,使资产保值增值,其收益应纳入预算管理。

# 第三节 资产管理基础工作的内容

由资产的分类可知,企业资产不但种类繁多,构成繁杂,而且各类资产的功能、特点各异,从而产生了各自特有的管理要求。这就要求企业资产的管理首先是一种分类管理,即首先按资产自身具备的形态和特点划分为若干个类别,然后再结合企业的管理要求对各类资产采取适合于其特点的不同管理方法,以满足企业各类资产的管理需要。

尽管各类资产具有不同的特点和管理要求,但它们作为企业总资产的构成部分,其间又存在着必然的联系和适合正常生产经营需要的客观的结构比例,这又要求企业的资产管理也应是一种综合管理,即将企业所有资产作为一个整体看待,规定各类资产占总资产的合理比率,保证资产构成最优化,建立企业资产安全运行、自然更替、良性循环的机制,以充分发挥资产的局部效益和整体效益。

资产管理除考虑分类管理与综合管理相结合外,还应掌握重点管理与一般管理相结合的原则。企业资产种类之多浩如烟海,难以计数,分布广泛,流动性大,且各自价值、地位不等,不可能也没有必要对每种资产都耗费同等力量进行管理,而应将企业资产按一定的标准划分为重点与一般,对重点资产实施专门管理,对非重点资产可适当放宽管理标准,实行粗线条的管理,做到管好重点,照顾一般。

根据资产的基本分类和以上考虑,企业资产的管理应主要包括以下八个方面:存货管理,货币资产和有价证券的管理,应收账款管理,投资管理,固定资产管理,无形资产管理,企业资产评估以及企业资产的综合分析。其中,前六部分为分类管理,后两部分为综合管理。

## 一、资产的分类管理

### (一)存货管理

主要包括产成品(商品)、在产品、原材料等盘存资产的管理,其主要目的在于保持最优的存货水平,做到既满足生产经营活动对存货的正常要求,又要实现存货费用的最低化。因此,存货管理的主要内容是:①运用"存货模式"等数学方法,确定存货的最佳订购批量或生产批量,实行存货的最优规划。②运用ABC分析法等管理方法实现对存货数量与结构的控制。③选择合理而有效的库存制度,做好各种存货决策工作。④正确进行存货的盘存和计价,做好存货的日常管理工作[1]。

### (二)货币资产及有价证券的管理

这一部分为主要速动资产的管理,它具体包括现金、银行存款和有价证券三部分。保存一定数量速动资产的目的在于保持企业对各

①李瑞芬. 农村集体资产管理[M]. 北京:金盾出版社,201□.

种负债的及时支付能力,同时由于速动资产不能或很少增值,故对其数量应有一定的限制。因此,应合理确定现金库存限额,执行有关货币资产管理的规定,正确编制现金预算,实现企业现金流量的有效控制。

**(三)投资管理**

这里主要指的是长期投资的管理。长期投资属于企业的长期资产,要求要有足够的投资收益作为企业流动性偏好的补偿。因此,要掌握各种科学的投资决策方法,充分考虑资金的时间价值和风险价值因素,以获得长期投资的最佳效益。

**(四)应收账款的管理**

应收账款属于企业的短期债权。应收账款的沉淀甚至坏账损失的发生是困惑企业正常生产经营的重要因素。因此,要采用科学的方法评价应收账款,分析和控制应收账款的发生情况,加强货款的催收,减少坏账损失。做到既保证货品的及时售出,又要把坏账风险降低到最低限度。

**(五)固定资产的管理**

固定资产是标志企业生产经营规模的重要资产项目,随着科学技术的发展,人类生产劳动将由劳动密集型逐步向资金密集型转变,固定资产在总资产中的比重也将逐步增高。因此,固定资产管理应成为资产分类管理的重点。为保证固定资产的正常运行,必须要正确地核定固定资产的需用量,科学地测定固定资产的损耗并计提折旧以及时补偿固定资产的磨损价值,加强设备的维修工作,运用投资决策的方法准确确定设备的经济及技术寿命,及时作出其更新改造的决策。此外,还要对固定资产的利用效果进行综合考察,使企业固定资产经常处于最佳的结构、技术及效率状态。

**(六)无形资产的管理**

无形资产是企业的一项特殊资产形式,忽视无形资产的管理是我国企业当前普遍存在的问题。加强无形资产的管理,需要了解无形资产的含义及其分类,正确进行无形资产的计价和摊销。特别是在企业产权发生变动时,要重视无形资产的存在,充分发挥无形资产帮助企业获得高于一般水平收益的作用。

## 二、资产的综合管理

### (一)资产的评估

资产的评估是根据特定目的和规定标准对企业资产实体乃至预期收益作出的评定和估量。在当前企业资产产权因承包、合并、合资等经营形式的出现而频繁变动的情况下,资产评估就成为一项必不可少的资产管理工作,同时也是企业目前极易忽视的工作之一。加强资产的评估,需要采用科学的标准和方法,对各种需要评估的资产,包括有形资产和无形资产,从其价值量上作出合理公正的评定。它对于合理界定资产产权界限,强化人们的资产保值、增值意识,保证企业资产的正常运行和收益具有十分重要的意义。

### (二)企业资产的综合分析

这是一种从总体上对企业资产运行情况所进行的分析和管理工作,它需要运用比率分析法、趋势分析法、构成分析法、增减分析法等方法,对企业资产的构成、信用状况、周转状况以及获利情况等进行全面分析,以确定资产运行的总体效果。同时,通过资产的综合分析,还可以找出资产管理上的薄弱环节,为资产的分类管理提供进一步改进的方向和资料。

# 第二章 资产管理模式中事业单位的框架建立

## 第一节 事业单位资产管理的理论分析

### 一、事业单位资产的概念、分类

#### (一)事业单位资产的概念

事业单位资产主要指的是事业单位所占有使用的,包括有形资产、无形资产、固定资产等各种经济资源的总称。这些资源都是能以货币换算并且在法律上得到认可的资产。

#### (二)资产管理新论

自我国开始实行改革开放以来,我国的经济就在快速向前发展,并且随着时代的进步,市场经济不断地深入和扩大,为了更好地适应当前新的经济模式和社会的需求,资产管理新论应运而生。这个新的理论,是针对过去资产管理理论的更新和改革,在具体实施和细节方面都进行了全新的变动,以更好地适应时代和社会发展的新的需求。

#### (三)事业单位资产管理理论

在相当长的一段时间里,资产在整个国民经济中都起着支柱的作用,为国家和政府带来了相当大的一部分收益,发挥着不可替代的作用。在多年的发展当中,资产管理体系也在不断地发展完善,目前也取得了许多令人瞩目的成果。尤其是进入21世纪以来,国家相继出台了专门针对这些事业单位资产的管理办法和制度,为以我国事业单位中资产为代表的非经营性资产的管理提供了有效手段和制度保障。一般来讲,事业单位资产一般具有两种性质。第一,提供公共服务,主要是确保社会各个部门能够正常地履行其职责,确保社会及社会组织的正常运行,所提供的所有服务都不以盈利为目的。第二,不盈利的性质,事业单位在不以经济利益获取的前提下,为各项工作的顺利开展提供无偿的服务,同时也为各项工作的顺利进行无偿提供其所需要的物质保障。事业单位的资产都不是某些项目所得的利润,而是由国家直接财政拨款,这部分资产一般不用来投资、生产,也不用来获取更多的利润,这一部分资产完全是为了社会、政府某些工作和部门的正常运作而提供服务和财政支持的。

**(四)事业单位资产的具体分类**

事业单位的资产我们可以将它划分为不同的类别:一是固定资产。固定资产指的是可以以货币来衡量的、处于使用中或拥有使用权的资产,一般有房屋、车辆、生产设备等。二是流动资产。流动资产指一年中可用来调动的资产,一般有房租、员工工资、员工激励奖金,还有用来解决突发状况的那部分资金。三是无形资产。无形资产一般指专业人士所掌握的那部分技能、知识以及各种权利名誉。四是投资资产。投资资产指的是事业单位会在总资产中预留一部分资产用来进行投资,进而进一步产生效益。

自从中国加入世界贸易组织以来,中国的经济与国外接轨,经济发展形式也发生了转变,传统的资产管理已经不能很好地适应新的经济形势。针对这一问题,近年来我国相继出台了专门针对这些事业单位的管理办法和制度,使我国对事业单位资产管理改革进入一个新的阶段。良好的资产管理体系的建立,是现代社会发展和保障社会各项服务正常运行的客观需要。事业单位的管理模式也要随着社会的不断发展而作出调整,才能更好地满足社会的需求。事业单位资产在我国资产中始终占据重要地位,对我国的经济发展有着重要的影响,为我国各项事业的顺利开展也提供了重要的物质保障。有关部门首先要制定出一套行之有效的制度规范，确保涵盖在对资产管理的过程中各个部门所要负责的内容，和在出现不同问题时所要采取的相应解决办法。从事业单位中分出一个部门或机构，来对事业单位的资产进行专门的管理，对不符合经济发展特点和时代进步需求的管理模式进行改革和创新。更为重要的一点是，管理机构应当根据当地的实际情况，制定出符合本地实际的管理模式，大量引入管理人才，专门负责对资产的管理，并且确保管理人才的薪资待遇和福利水平，建立一套完整有效的事业单位资产管理体系。[①]

## 二、事业单位资产管理体制与模式

### （一）资产管理主体只能是专司社会公共管理的职能部门

我国以前以计划经济为主导，在这样的背景下，国有经济占据着整个国家经济的主导，经济主体都是政府部门，差别并不明显，无法分辨出一个专门管理资产的职能部门。但是随着我国市场经济的不断发展，各种所有制相继出现，政府和公共管理者之间的差别也逐渐开始明显。在现代社会的背景下，只有建立起专门的资产管理的职能部门，社会的公共利益才会不受损害，也能使其发挥最大的作用。

### （二）实物管理与价值管理的结合

在计划经济体制下，各个企事业单位或社会经济团体之间的差异较小，社会财产是依据个体需求进行划分和发放的，而划分和发放的内容多以实物为主，个体之间并不存在很大区别。但是市场经济的情况确实有所不同。在市场经济体制中，市场竞争要远远大于按需分配的计划经济，市场经济中的不确定性要求对资产管理的力度要大大加强，将实物管理与价值管理相结合，才能满足市场不断发展的新需求，满足社会公共服务的需求，为社会各项工作的开展提供物质保障。这

---

①黄恒学．分类推进我国事业单位管理体制改革研究[M]．北京：中国经济出版社，2012.

二者有效的结合,能够使资产得到更加有效的利用,促使资产能够发挥更强大的作用。

### (三)三层次立法、四主体监督

我国对事业单位资产的管理采取三层立法、四层管理的制度。三层立法是指人大立法层、资产拥有者的地方立法层、资产使用者立法层,这样明确的分工使得在对资产的管理上更加清晰明确,管理更加到位,每一层只需要管理好自己所负责的领域,承担起该肩负的责任就能够对资产进行有效的管理。四主体监督是指行政监督、审计监督、社会监督和内部监督。这四个主体从四个方面实行监督,构成了一个全方位、多角度的监督体系。它们相互配合、相辅相成,共同保障事业单位的资产在社会活动的顺利开展和进行。这四个主体之间也能够相互监督、促进,保证各方都能够有效地履行自己的监督责任。

### 三、我国事业单位资产的分布和特征

我国事业单位资产分布在中央与地方各级党的机关、人大机关、行政机关、政协机关、审判机关、检察机关、各民主党派机关及社会团体机关以及教育、科学、文化、卫生和体育等事业单位。一般来说,我国事业单位资产具有以下特征。

### (一)配置的非生产性

事业单位的资产都不属于各个生产领域,也不会被作为资本投入到任何生产领域中去,这些资产都只存在于各个行政机关、审计机关等事业单位。它不用于创造更多的利润,而是为了维护社会各项事务和活动的顺利进行,并为此提供物质基础。

### (二)使用目的的服务性

一般来讲,事业单位资产为社会提供公共服务,是指事业单位在不以经济利益获取的前提下,为各项工作的顺利开展提供无偿的服务,同时也为了各项工作的顺利进行无偿提供其所需要的物质保障。

事业单位的资产都不是某些项目所得的利润,而是由国家直接财政拨款,这部分资产一般不用来投资、生产,也不用来获取更多的利润,这一部分资产完全是为了社会、政府某些工作和部门的正常运作而提供服务和财政支持的。

### (三)补偿扩充资金的非直接性

事业单位的资产,并不能投入到其他生产领域中去,它在使用的过程中只能被消费。而它的来源是国家的财政支出,而不是直接的生产利润。

### 四、我国事业单位资产的形成渠道

### (一)利用财政性资金购置

为了保证事业单位的资产能够有效地履行其职责,各项经费被用来购置房屋汽车、生产办公设备,这是形成事业单位资产的一个渠道。

### (二)国家调拨

国家不以盈利为目的,将国家所拥有的固定资产,例如房屋、车辆、各种设备等分配给事业单位,作为事业单位资产的一个重要来源。

### (三)单位按照国家政策规定组织收入购置

根据国家政策规定,事业单位的资产除了国家的分配调拨以外,还有一部分来源于一些额外的收费,可按照国家政策规定组织购买资产来作为事业单位的资产。

### (四)接受捐赠

事业单位会经常举办社会活动和公益性活动,在这些活动中有时会受到一些主办单位、服务对象等的捐赠,这部分捐赠也可作为事业单位的资产。

### 五、我国事业单位资产管理演变

最初我国的事业单位资产的管理体系是建立在高度集中的计划

经济体制背景下,随着所有制的不断变化和经济形势向前不断的发展,我国对事业单位资产的管理也发生着变化,这些变化主要分为两个阶段。

**(一)中华人民共和国成立后,高度集中的计划经济管理阶段**

中华人民共和国成立后,国家经济一直实行计划经济体制,资产是计划经济体制实行的基础,因此我国始终以统一管理的方式对资产进行管理。中华人民共和国成立初期,国有资源、财产即为中国全体公民的共有财产,而事业单位的资产也由国家来进行统包分配。20世纪50年代初,政府各级部门建立专门管理机构,对事业单位的资产进行统一的分配和调拨。20世纪50年代末,尤其是一化三改完成后,我国社会主义的发展速度加快,国家和相应资产管理部门逐渐将权力交回给事业单位,这对其资产的获取是一次重大的调整。到了20世纪60年代初,国家重新对国家资产管理作出了新的调整,也重新加强了对经济的统一领导。20世纪70年代初,国务院指出要将一部分对国家资产管理的权力下放给地方,对于事业单位中资产还没有得到足够的重视,改革进程发展也相对缓慢。

**(二)改革开放以后,逐步建立的社会主义市场经济管理阶段**

改革开放以来,计划经济开始逐渐走向下坡,市场经济正在逐步发展,在这样一个经济体制转变的时刻,各级政府也开始积极投身于社会建设,将事业单位的资产用来大量兴建公共设施,造成了资产的大量流失。

20世纪80年代初,国家开始重视对资产管理体制的建立,甚至设立相关部门和组织来专门管理资产。但是随着我国市场经济的不断发展,各种所有制相继出现,政府和公共管理者之间的差别也逐渐开始明显。在现代社会的背景下,只有建立起专门的资产管理的职能部门,社会的公共利益才能不受损害,也才能使其发挥最大的作用。

20世纪90年代初,国家开始制定相关政策和法规来对资产进行系统化的管理和改革。随着社会的不断进步和经济的快速发展，我们对于资产管理体系也在不断进行改革和创新，让其能够更好地适应现代快速发展的社会和我们不断对经济发展提出的新的要求。

20世纪90年代中期，国家资产管理局、财政部制定了《行政事业单位国有资产管理办法》，来加强对行政事业单位资产的管理。

20世纪90年代末期，为管理资产而设立的相关部门和管理局的作用相继弱化，此时对资产的管理陆续出现了问题，管理也没有跟随时代的发展，这样的管理最终不能适应社会的需要而被淘汰。

自2000年以来，我国的经济发展迅速，资产的规模也在不断扩大，事业单位的资产总量占全国资产总量的1/3。为了能够有效地管理逐步扩大的资产，我国决定出台相关政策来加强对资产的管理，使其能够发挥出最大的作用，保障社会活动和公共事业顺利进行。随后国家相继出台了专门针对这些事业单位的管理办法和制度，为以我国事业单位中资产为代表的非经营性资产的管理提供了有效手段和制度保障。

经过国家和各方面的不断努力，我国基本建立起一套对资产管理的有效制度，初期的筹建工作基本完成。为此，我国印发了《事业单位及事业单位所办企业国有资产产权登记管理办法》，为以我国事业单位中资产为代表的非经营性资产的管理提供了有效手段和制度保障。在不同的领域和行业中，也建立了自己专属的协会或组织来保证本行业的健康发展，处理本行业的相应事务，并且制定相应的制度规范以保证行业的秩序。

# 第二节　事业单位资产管理的范畴界定及规模分析

事业单位是我国特有的概念范畴,与之相关的、其所占有使用的资产范畴在我国有多种称呼,包括公共资产、公益资产、公共部门资产、事业单位资产、事业资产、非经营性资产等,但对于不同概念的内涵、外延及相互关系却没有明确的界定,部分概念范畴交叉,使用混乱。在展开论述事业单位改革之前首先对与事业单位资产管理相关的若干范畴予以界定,进而确定研究范围显得十分必要。在展开论述事业单位资产管理改革之前,对事业单位占有使用的资产类别及规模进行分析也十分必要。

## 一、与事业单位资产管理相关的范畴界定

与事业单位资产管理相关的概念范畴主要包括三个方面:即事业单位、事业单位资产和事业单位资产管理,弄清这三个概念有利于更好地分析和解决我国事业单位的资产管理问题。同时在对这三个概念进行范畴界定的过程中,也要对类似概念进行辨析,找出异同。此外,尽管事业单位是我国特有的概念范畴,但国外也有很多性质和功能与之类似的机构,对中外相关概念范畴进行对比分析,有利于更好地把握我国事业单位的特点及不同,从而有针对性地开展研究工作。

### (一)事业单位的范畴界定

本部分对事业单位范畴进行界定主要涵盖以下内容:事业单位的职责及地位、事业单位概念的演变及不同说法、本文对事业单位的范畴界定,在此基础上对事业单位的分类标准及现有类别进行的分析。

1.事业单位的职责和地位

事业单位是对非政府机关、群众团体、企业组织的社会公共服务型事业组织的一种约定俗成的称呼。它是我国特有的一类组织,是在

计划经济体制下形成的,沿袭至今仍一直是我国的第二大类组织。在我国,大多数事业单位建立的目的是提供公共服务,服务领域涵盖教育、科技、文化、卫生、体育、农业、交通及其他公共管理等,因此,许多人将事业单位翻译为"public service unit""public institutions""institutional units"以及"non-profit organizations"。

2.事业单位概念的演变

"事业单位"这个概念最早出现在1955年第一届全国人大第二次会议《关于1954年国家决算和1955年国家预算的报告》中,并一直沿用至今。对事业单位进行界定则始自1963年《国务院关于编制管理的暂行办法(草案)》,其定义为:事业单位是为国家创造或者改善生产条件,促进社会福利,满足人民文化、教育、卫生等需要,其经费由国家事业费开支的单位。随后,人们对事业单位的认识不断变化,各类观点相继出现在政府条例、部门文件、工具书、研究著作中。其中较为典型的有:1998年国务院发布的《事业单位登记管理暂行条例》将事业单位定义为:事业单位是国家为了社会公益目的,由国家机关举办或其他组织利用国有资产举办的,从事教育、科技、文化、卫生等活动的社会服务组织;1999年全国人大常委会通过的《中华人民共和国公益事业捐赠法》将事业单位定义为:公益性非营利性事业单位是指依法成立的,从事公益事业的不以营利为目的的教育机构、科学研究机构、医疗卫生机构、社会公共文化机构、社会公共体育机构和社会福利机构等;成思危将事业单位定义为:为了社会公益目的,由各级政府、企业法人、社团法人或公民个人出资以及上述法人和自然人的某种合资形式依法(《事业法》)举办的,依法自主运作,独立承担民事责任,从事教育、科技、文化、卫生、体育等方面的非营利性社会服务活动的独立法人。进入21世纪以来,政府的公共服务职能被高度重视,建立公共财政的理念深入人心,许多人把事业单位与政府及政府公共服务联系起来,多方面阐述事业单位的公共性,一些学者认为事业单位是政府举办的、向社会提供公共服务的公共机构,是一种"非机关形态的公共机构",甚至主张用"公共服务组织"取代"事业单位"概念。

3.事业单位的范畴界定

事业单位概念虽多次演变,各有不同,但都强调事业单位提供服务的公共性、公益性、非营利性和服务领域的广覆盖性,因此笔者认为,事业单位是指基于遵循公共服务理念、满足社会公益目的,而由各级政府机关、非政府组织、个人及其合伙形式依法举办、依法运行的非营利性公共机构(或组织),其从事的事业范围包括教育、科技、文化、卫生、体育、农业、交通及其他公共管理等。要正确理解这一概念,需把握以下几个方面:第一,"事业单位"概念与"事业"范畴密切相关,两者通常混用;第二,"事业单位"是约定俗成、不断演变、不断扩充的概念;第三,"事业单位"概念含有的所有制意义有所弱化,民办"非营利组织"越来越多;第四,事业单位的非营利性不断强化,与一般企业区分明显;第五,事业单位的"公共性""服务性""公益性"等均得到不同程度的强化;第六,"事业"范畴有所扩充,但相对稳定,集中在教育、科技、文化、卫生、体育等主要活动领域。

4.事业单位类别分析

为了更好地分析事业单位及其资产管理问题,有必要明确界定事业单位的类别。目前,关于事业单位的分类有多种标准,一般来说,对事业单位的划分有三种:一是按照财政管理方式划分,即按照事业资金是否由财政全额支出划分,可以将事业单位划分为全额拨款事业单位、差额补贴事业单位、自收自支事业单位三大类。目前,事业单位的这一分类为许多管理制度和研究人员采纳和使用。二是按照事业单位的职责性质划分,即按照事业是否为政府必须履行的职能或市场无法提供的,分为代担行政角色的、担当社会角色的、代担市场角色的三大类。这与中央机构编制委员会办公室(简称中央编办)的分类基本一致,中央编办经国务院批准制定的《关于事业单位分类及相关改革的试点方案》(征求意见稿)按照社会功能,将事业单位划分为承担行政职能的、从事公益服务的和从事生产经营活动的三大类。

**(二)事业单位资产的范畴界定**

事业单位资产是公共资产的一大门类,明确其定位并弄清楚一系列相关概念有利于更好地界定其范畴,同时需要明确的是,"资产"是会计学的重要概念,应遵从该学科的基本范畴规范。

1.事业单位资产在公共资产中的定位

事业单位资产是公共资产的一大门类,要正确把握其概念,需要区分以下相关概念:公共部门资产、公共资产、行政单位资产、事业单位资产、经营性资产、非经营性资产。公共部门资产是公共部门占有和使用的资产,更多地出现在西方学者的论述中;公共资产是公共部门用于提供公共服务的资产;行政单位资产和事业单位资产是公共资产的两大组成部分,前者是专门用于提供公共服务的资产,具有鲜明的公共性特征,后者则是事业单位占有或使用的具有中国特色的公共资产,其在表现出公共性和公益性的基础上,还表现出一定的经营性。非经营性资产是与经营性资产相对应的,指的是不用于生产经营或不以营利为目的而投入使用的各类资产。

2.事业单位资产在经济学和会计学上的范畴界定

要清晰界定事业单位资产的范畴,首先要明确"资产"的范畴。"资产"属于经济学或会计学范畴,长期以来,传统经济学和会计学所界定的"资产"主要是企业资产或者说私人部门资产,强调资产是一种经济资源,具有经济性和可计量性。如传统经济学认为,资产是指可作为生产要素投入到生产经营过程中,并能带来经济利益的资产。而会计学尤其是企业会计学对资产有着更清晰严谨的定义:资产是指企业过去的交易或者事项形成的、由企业拥有或者控制的、预期会给企业带来经济利益的资源。其中,企业过去的交易或者事项包括购买、生产、建造行为或其他交易或者事项,预期在未来发生的交易或者事项不形成资产。由企业拥有或者控制,是指企业享有某项资源的所有权,或者虽然不享有某项资源的所有权,但该资源能被企业所控制。预期会给企业带来经济利益,是指直接或者间接导致现金和现金等价物流入企业的潜力。在符合资产定义的基础上,经济资源要确认为资产还要满足两个条件:一是与该资源有关的经济利益很可能流入企业。二是该资源的成本或者价值能够可靠地计量。很明显,传统"资产"定义已不能满足公共部门及非营利组织的需要,旨在提供公共服务部门的资产尤其是公共资产需要重新定义,因为它们与传统资产有着本质区别,既很难带来实质的经济利益或者经济增加值,也很难用货币准确计量其价值及创造价值的能力。基于此,新型"资产"的界定不能只关注其经济特性和价值性,更要关注其产权特性和社会性。

3.事业单位资产的范畴界定

综合考虑"资产"的经济性和社会性,笔者将事业单位资产界定为:事业单位占用或控制的,由过去的服务事项或管理活动所形成的,预期会给全部或部分社会公众及特殊社会群体带来社会效益的各类资源,包括各种财产、债权、自然资源及其他权利等。该定义需要明确几点:第一,事业单位资产是事业单位占用或控制的,但从历史渊源看,这些资产的所有权大多数归国家,事业单位仅有占用权或控制权;第二,事业单位资产是由过去的服务事项、管理活动或政府投入所形成的,事业单位不同于企业,其资产来源不是交易或事项,而是提供服务事项或管理活动,如为发展教育而投入财政资金形成的资产,为提高资产使用效率而将闲置房屋出租形成的资产;第三,事业单位资产所产生的效益不单是经济利益,主要是社会效益,如社会公众接受服务的认可度或满意度,且大多不能以货币准确计量;第四,事业单位资产包括经济资源、社会资源、自然资源、人力资源等各类资源,而不只是可以以货币衡量的经济资源。

4.事业单位资产的三大特性分析

从公共产品理论及延伸而来的公共管理理论角度,不难理解事业单位资产具有公共性和公益性的特性,随着市场经济体制的逐步确立,部分事业单位提供服务的经营性有所增强,其资产的经营性特性也开始显现。

(1)事业单位资产具有公共性

事业单位资产具有公共性主要源于事业单位组织形式及其所提供产品(服务)的公共性。从事业单位的出现及其发展演变看,事业单位的组织形式以国家举办、集体举办为主,且目前为止仍绝大多数挂靠在特定的机关和公务部门之下,而其目的也主要是作为政府部门的附属机构帮助政府完成一些公共职能,为社会公众提供市场不能提供或不愿提供的各类公共产品(服务)。事业单位的这一定位决定了其所提供产品(服务)具有鲜明的公共性特征,也决定了事业单位的资产具备公共性特性。当然,事业单位资产及其所提供产品(服务)的公共性程度不一,有纯公共性和准公共性两大类。前者是完全不具备排他性和竞争性的产品(服务),如为国防、外交等服务的相关事业单位;后者则是部分具有排他性和竞争性、部分不具有排他性和竞争性的产品(服务),如易转化为市场化成果并创造一定效益的高等教育、高端科学研究等。

(2)事业单位资产具有公益性

事业单位资产具有公益性主要源于事业单位提供产品(服务)的目的及其所面向的社会公众面。这里需要明确三点:首先,事业单位所提供的产品(服务)是具有公共性的,但这种公共性与行政单位所提供产品(服务)的那种广泛的公共性不完全一样,事业单位所提供的产品(服务)通常具有领域、地域尤其是特定人群的限制特征;其次,事业单位所提供的产品(服务)通常具有为社会公众直接增加福利的特征,直接带给大众扶助感、幸福感、满足感等,具有明显的公益特征;最后,事业单位中有一部分是民间组织(可以称为民办事业单位或者民办非企业单位),由民间力量举办但不以营利为目的,而是提供志愿服务,扶贫济弱、救急安抚,为部分特定或非特定社会公众群体提供支持和帮助,较好地实践了公益性。值得强调的是,公益性和公共性的含义有共通之处,但也有区别,前者需要后者的支持,但也强化了后者的意义。

(3)事业单位资产具有经营性

事业单位资产具有经营性主要源于部分事业单位所提供产品(服务)的经营性及其收费特征。对于相当一部分事业单位来说,除了具有公共性和公益性特性之外,还有经营性特性,这主要是针对准公益类事业单位和纯经营类事业单位而言的。这部分事业单位所提供的产品(服务)具有明显的或可开发的经营性特征,可以加以开发进行收费从而增加事业单位的经营收益,弥补事业支出和经营支出。随着社会主义市场经济体制的建立完善,这类事业单位的数量在逐渐增多,不论是教育、科技领域,还是卫生、体育、文化领域,凡能够以其所提供的产品(服务)本身创造收益的,大多已经或正在准备开发,即使本身所提供的产品(服务)不能直接进行收费,也有部分事业单位运用自身其他一些资产(主要是房产、土地、车辆、专利等无形资产)进行出租、出借等经营活动,以图增加收益。可以说,部分事业单位资产的经营性是不断增强的。当然,为了保证社会公众的基本福祉,部分不能或不应从事经营活动的事业单位还是要控制其经营性的增加,保证公共性和公益性的发挥。

### (三)事业单位资产管理的范畴界定

在明确了事业单位及事业单位资产概念的基础上,不难理解事业单位资产管理的概念。事业单位资产管理是针对事业单位资产进行的系列管理活动,目的在于提高事业单位资产的使用绩效,包括资产使用的安全和高效。也就是说,事业单位资产管理就是为了提高资产使用绩效而采取的一系列管理活动。从这个意义上,事业单位资产管理的范畴有广义和狭义之分。

1.事业单位资产管理的广义范畴

广义的事业单位资产管理包含了能够提高资产管理绩效的各类管理活动,如与资产购买、使用、记录、盘点、保管、处置等直接相关的资产管理活动、资金管理活动、财务管理活动、预算管理活动、人力资源管理活动、信息管理活动等。也就是说,广义的事业单位资产管理涵盖了直接管理活动(即下文定义的狭义范畴)和与之相关的配套管理活动。

2.事业单位资产管理的狭义范畴

狭义的事业单位资产管理则主要指与事业单位资产管理直接相关的管理活动,如购买、使用、记录、盘点、保管、处置等资产管理活动。若没有特别说明,这里使用的"事业单位资产管理"概念是狭义的概念,但在推动事业单位资产管理改革完善的过程中,会涉及财务管理、预算管理等配套改革活动①。

**二、当前事业单位的资产规模分析**

对当前事业单位的资产规模进行分析是做好事业单位资产管理工作的基础和前提。只有很好地把握了事业单位资产的总体规模(含行业规模、人均资产规模)、类别规模、地域规模等具体情况,才能有针对性地制定政策和管理办法。

**(一)事业单位资产的具体类型**

根据《中国会计年鉴》提供的事业单位资产负债简表,事业单位总资产包括五大类:流动资产、对外投资、固定资产、无形资产、其他资产(含财政应返还额度、预拨下年补助、地勘工作支出等)。其中,流动资产是指可以在一年内变现或者耗用的资产,包括现金、银行存款、应收

---

①屈丽萍. 东莞市文化事业单位经营性国有资产投资管理研究[D]. 武汉:华中师范大学,2018.

票据、应收账款、预付账款、其他应收款、材料、产成品等;对外投资是指事业单位利用货币资金、实物和无形资产等方式向其他单位的投资,包括债券投资和其他投资。以股权形式投资于其他单位形成的资产可以称为事业单位的权益性资产;固定资产是指使用年限在一年以上,单位价值在规定的标准以上,在使用过程基本保持原来物质形态的资产,包括土地、房屋和构筑物、通用设备、专用设备、交通运输设施、电气设备、电子产品及通信设备、仪器仪表及其他、文艺体育设备、图书文物及陈列品、家具用具及其他等;无形资产是指不具有实物形态而能为事业单位提供某种权利的资产,包括专利权、土地使用权、非专利技术、著作权、商标权、商誉等。

一般来说,事业单位的总资产反映的是总的规模,但不全是事业单位真正拥有和能控制的,因为其包含了负债部分。扣除负债后的净资产规模才是事业单位资产管理应把握和分析的重点。因此,这里对事业单位净资产的构成进行分析。同样根据《中国会计年鉴》提供的事业单位资产负债简表,事业单位的净资产包括五大类:事业基金(含一般基金)、固定基金、专用基金、经营基金、其他净资产(含预收下年补助、地勘工作收入等)。其中,事业基金是指事业单位拥有的非限定用途的净资产;固定基金是指事业单位固定资产占用的基金;专用基金是指事业单位按规定提取、设置的有专门用途的资金,主要包括修购基金、职工福利基金、医疗基金以及其他基金等;经营基金是指事业单位用于生产经营活动所占用的基金。

**(二)事业单位资产的总体规模**

事业单位的资产规模不仅是数量概念,还包括构成、对比、人均资产规模、事业单位户均资产规模等概念。这里分析事业单位资产的总体规模,主要从以下几个方面着手。

公共产品和公共服务是一个社会正常运转所不可缺少的,需要一定的机构或部门予以供给。迄今为止,在中国,主要是国有部门或机构在提供公共产品和服务,非国有部门在公共服务提供方面的参与还相当有限。可以说,绝大多数提供公共服务的非政府、非营利性机构(组织)都可以算作事业单位,因此事业单位的数量是非常多的。然而,尽管事业单位数量众多并且在我国的经济生活中发挥着重要作用,但是目前可以搜集到的有关事业单位的数据资料却十分有限。

# 第三节 事业单位资产管理的历史沿革及改革进展

## 一、事业单位的形成与发展演变

一般来说,在现代社会,典型的公共机构由三部分组成,即公共政策制定和管理部门(主要指行政机构),公共服务机构(主要指事业单位)和公共企业(国有企业)。其中,事业单位是指基于遵循公共服务理念、满足社会公益目的,而由各级政府机关、非政府组织、个人及其合伙形式依法举办、依法运行的非营利性公共机构(或组织),其从事的事业范围包括教育、科技、文化、卫生、体育、农业、交通及其他公共管理等。

我国事业单位作为中央和地方政府履行公共服务职能和提供公共产品的公共机构,其涉及领域类似于国外的非营利组织。它的发展可以分为两个阶段,并在不同的阶段体现着不同的制度特征。

## (一)传统事业单位管理体制

由于我国事业单位是在计划经济体制时期逐步建立并发展起来的,事业单位的组织与管理体制具有典型的计划特征——各类事业机构都是公立机构,资产都属国有;政府决定事业单位的设立、注销以及编制,并对事业单位的各种活动进行直接组织和管理;各类事业单位活动所需的各种经费都来自政府拨款。由于历史的沉淀,中国的事业单位被打上了"中国特色"的烙印。事业单位从一开始就与自然形成的单位不同,作为政府"衍生物",其特征表现为以下几个方面。

### 1.对政府的依附性强

在传统事业单位体制下,各级政府和部门的一项基本职能是发展各项事业,事业单位的设立和运转是根据当时社会发展的需要依靠公权力举办的,它隶属于不同部门、不同行业和不同级次的政府部门,不具备法人主体和现代治理结构,不具有生产经营职能,不实行经济核算,主要承担一些行政管理职能和提供公益服务,直接或间接地服务于上层建筑,基本上依附于政府。

### 2.实行行政化运作

为了保障社会事业的不断发展和壮大,中央和地方各级政府都设立了专门的管理机构,通过核定编制、人事任免、规定从业范围和规模等行政化手段和方式,按照职责和分工管理各类事业单位,政府通过强制性的手段来实现事业单位的地位和功能。事业单位和行政部门一样,也具有相应的行政级别,在财务制度、人事制度、福利制度等的制定和设计上,也和行政部门几乎一致,等级制的行政管理成为事业单位管理体制中最主要的管理方式。

### 3.内部治理的非法治性

传统的事业单位管理体制,决定了事业单位是没有自主权的依附于政府的组织,事业单位各项事业的发展和运行缺乏必要的法律监督、主观随意性强,缺乏科学论证、细致可行的长期规划,责任主体不明确,没有定量和定性的考核指标体系等,这些"软"约束显然制约了各项事业的持续、稳定、健康发展。

这一时期,尽管我国的事业单位存在重复建设、资源浪费和效率低下等问题,但却为我国经济发展、社会进步、劳动人员的充分就业发挥了重要作用,并为政府和企业分担了巨大的社会负担。

### (二)现行事业单位管理体制

党的十一届三中全会之后,我国实行了改革开放政策,经济社会发生了巨大变化,为适应经济社会发展形势的需要,事业单位管理制度作出了相应的调整和改变。第一,政府颁布并实施了一系列有关事业单位(团体)的法律法规,形成了以《事业单位登记管理暂行条例》《社会团体登记管理条例》《民办非企业单位登记管理暂行条例》和《中华人民共和国公益事业捐赠法》为主体,地方法规、部门规章和相关政策组成的法律法规体系;第二,适应市场经济的需要,我国于1999年和2004年先后对宪法进行了修订,现行宪法规定:"在法律规定范围内的个体经济、私营经济等非公有制经济,是社会主义市场经济的重要组成部分。国家保护个体经济、私营经济等非公有制经济的合法的权利和利益。国家鼓励、支持和引导非公有制经济的发展,并对非公有制经济依法实行监督和管理。"从法律方面为多种经济成分的发展提供保障和支持;第三,自国有企业改革稳步推进以来,我国对政府机构也进行了初步改革,但由于历史的渊源和千丝万缕的联系,事业单位成为国企改革和政府机构改革的"最后防线",改革力度不大。

由于计划经济时代政府包办一切经济和社会事务,在很长一段时期内,我国事业单位都负载着很深的政府烙印,虽然建立在计划经济体制基础上的传统事业单位管理体制,随着市场经济的建立,作出了一些调整和改变,但远远滞后于现代市场经济的要求。

### (三)事业单位改革历程

事业单位庞大而复杂的总体,让事业单位的改革"牵一发而动全身",其难度可想而知。事实上,事业单位改革与经济改革几乎同步开始。改革开放以来,中国政府制定了许多事业单位改革的政策,并得以稳步实施,主要包括调整事业单位布局结构、实行政事分开、推进事业单位社会化以及通过明确事业单位的法人地位和取消事业单位行政级别,改革政府对事业单位的管理方式与政府提供公共服务的形式。总的来说,事业单位的改革可以分为四个阶段。

1.改革的摸索阶段(1978—1988年)

党的十一届三中全会以后,党和国家的工作重心转移到了经济建设上来,开始实行改革开放的国家政策,建立以市场经济为导向的经济改革,从农村开始,逐步向城市展开。为适应经济建设和改革开放的需要,对教育、科技、文化等事业单位的管理体制开始了改革尝试;按照尊重知识、尊重人才的理念和思想,为知识分子成长创造条件,对事业单位人事制度也进行了改革的尝试探索,恢复了职称评审工作,开始推行专业技术职务聘用制,适当下放了事业单位人事管理权限,完善了事业单位人事制度。

2.改革的逐步推进阶段(1988—1993年)

伴随着经济体制改革的深入和政治体制改革的推进,党的"十三大"明确提出了以公有制为主体,大力发展有计划的商品经济,在事业单位管理体制上,一是建立了科学的分类管理体制,形成了各具特色的管理制度;二是对事业单位的管理进一步下放了经营权,开始实行自主经营、自主管理;三是事业单位人事制度改革逐步展开,推进和完善了专业技术职务聘任、工资分配制度等改革。从而在一定程度上激发了事业单位的活力。

3.改革的全面推进阶段(1993—1998年)

党的"十四大"明确提出建立社会主义市场经济体制的改革目标,适应社会主义市场经济体制改革的需要,事业单位管理体制改革进一步推进,明确事业单位的独立法人地位,鼓励有条件的事业单位实行市场化改革,作为营利性主体在市场上运营,实行自主经营、独立核算和企业化管理,部分事业单位可以实行所有权和经营权分离等。

4.改革的加快推进阶段(1998年至今)

随着社会主义市场经济体制改革的深入和发展,事业单位在裁减冗员、普遍建立聘用制度和岗位管理制度,完善收入分配制度,健全人事管理和监督制度等方面进行了改革,很大程度上激发了事业单位的内在活力。在这一阶段,事业单位的改革力度明显加大,特别是国务院部门所属事业单位做了大幅度的改革。

在经济体制改革前后,事业单位都是指政府创设的,提供教育、科研、文化和卫生服务的专门机构,尽管不同时期的法规对它的界定不尽相同,但并没有实质差别。从事业单位的改革历程可以看出,尽管历届政府都非常重视事业单位的改革,但成效并不显著。尤其是事业单位的分类、剥离、转制,遇到了不少困难。事业单位存在的根本问题是政事不分。事业单位行政化,是政府附属部门,因其国有化导致了其权力化。事业单位同时承担政府职能是常见的现象。在中国,事业单位可以是一个纯粹的行政机关,也可以具有行政机关和公共服务双重职能;在提供公共服务的同时,事业单位还可以是一个以营利为目的的投资公司。事业单位最大的问题是本身缺乏好的治理结构,同时又没有管办分离。目前我们的事业单位还有行政级别,不同的事业单位通常被设置成不同的行政级别,缺乏专家、专业精神,很多运作具有行政化特点。这使得事业的重要性与效能无关,而是与其行政级别紧密挂钩。事业单位改革的另一难点是资产剥离,事业单位的人、财、物剥离很困难。部门之间的权力交叉、利益协调等问题,也使得事业单位的改革阻力重重。当然,不可否认,在计划经济时代,事业单位发挥了不可或缺的作用,其存在的价值是提供专业性公共服务,提供专业知识①。

## 二、事业单位资产管理模式的发展演变

要准确勾画事业单位资产管理的历史沿革,除了弄清楚事业单位的发展演变之外,还要清楚事业单位资产管理的具体模式有着怎样的发展演变。截至目前,我国事业单位资产管理模式的发展演变可以概括为五个阶段。

---

①卢建超. 行政事业单位财务会计法规手册[M]. 成都:西南财经大学出版社,2013.

**（一）中华人民共和国成立初期"国家所有、分级管理"的资产管理体制**

这一时期为1949年到1957年，我国经过"一五"计划，基本形成了全国统一的事业单位资产管理体系。这一时期的事业单位资产管理制度具有如下鲜明特征。

1.国家所有、分级管理

根据1949年10月召开的中央人民政府委员会第一次会议决议，凡属国有的资源、企业和事业单位的财产均为全体人民的公共财产，由此确立了事业单位资产国家所有的属性。与此同时，1949年政务院做出规定：国家所有的事业单位实行三级管理，即中央各部直接管理、暂由地方政府代管或划归地方政府管理。这一划分为三级的管理模式奠定了一段时间我国事业单位资产管理体制的模式，也为后续事业单位资产管理权限在上下级之间因形势的变化和管理的需要来回划转埋下了伏笔。

2.资产实行计划调拨

这一时期是中国计划经济的重要时期，一切资产均采用计划调拨的模式，国家不仅对国有固定资产、主要生产资料实行统一领导、计划调拨、统一管理、统一分配，而且对国有企业的管理权限做了调整，中央政府不断增加直接管理的国有企业数量。在此期间，1951年国家对国有企业进行了第一次清产核资工作，对流动资产、固定资产、土地等进行估价，为建立经济核算制和促进企业计划管理奠定了基础。

3.建立"条块结合"的管理体制

计划经济初期，我国实际上实行的是以"条条管理"为主、"块块管理"为辅、"条块结合"的资产体制。"条条管理"是以中央各职能部门为主线，打破地域概念，实行业务（或职能）垂直管理的模式；"块块管理"则是以地方政府为主线，打破行业隶属关系，进行区域横向管理的模式。中华人民共和国成立初期，国有资产管理采取"条条为主、条块结合"的体制模式。随后，国有资产管理体制经历了行政体制内的放权和集权的变革,即国有资产管理权限在中央和地方之间"下放"与"上收"的多次转换,也是中央以"条条"管理为主和地方以"块块"管理为主的来回变动。

**(二)改革开放之前资产管理权限在"下放"与"上收"之间多次划转**

"二五"计划至改革开放前的一段时期里,我国事业单位资产(主要是资产)的管理权限在中央政府与地方政府之间多次"下放"与"上收",其出发点是为了适应当时的形势,采取更切实际的资产管理模式,提高资产管理效率。

1.中央第一次"下放"事业单位资产管理权限

中央第一次"下放"事业单位资产管理权限从1957年开始,而且并不是一步到位,而是经历了一个渐进的过程。首先是1957年的"部分下放"。当时,国务院规定,把中央直接管理的一部分企业和事业单位下放给省、市及各工业主管部门,除了一些主要的、特殊的以及试验性质的企业外,其余的企业原则上一律下放给地方管理。其次是1958年的"大幅度下放"。是年6月,中共中央为了实现党的"八大"二次会议提出的目标,加快社会主义建设的速度,中共中央作出《关于企业、事业单位和技术力量下放的规定》,大幅度下放企事业单位和相应的资产计划管理权力给地方,这是对当时事业单位资产管理体制的一次大调整。根据该文件,这一次"下放"调整的具体内容有:①轻工业部门所属各企业、事业单位除四个特殊纸厂和一个铜网厂外全部下放。重工业部门所属各企业、事业单位大部分下放,下放的单位约占全部的60%～70%。各工业部门下放的单位和产值,除军工外,均占全部的80%左右。②铁道部所属工程局、管理局,实行中央和地方双重领导。铁路支线,在情况许可下,地方和厂矿可以自建。邮电部除了保留北京通信枢纽和通各省的长途通信干线以及北京通各省的邮政干线的管理权以外,全部下放。交通部所属公路工程的设计、施工单位,除了留必要的部分支援国外以外,全部下放。航空、航运的管理体制另作规定。③农垦部除直属三个地方的国营农场外,其他国营农场均交地方管理。森林工业管理体制改变后,中央与地方利润分成问题,东北和内蒙的另议;关内的全部下放,利润和育林费归各省、市、自治区自理,关内为新开发林区所需要的重大投资,仍在中央基建项目内安排。④粮食、商业部门所属加工企业全部下放。银行所属钞票厂、铸币厂、油墨厂不下放。商业、银行、外贸三个系统还有一些管理权限需要下放,以后另作规定。⑤对外贸易,由中央统一安排,中央与地方签订分期交货合同。各省、市、自治区可以派外贸代表常驻对外贸易的主要口岸,参加外贸工作。从1958年起,改变外汇提成办法,地方完成出口计划的抽10%的外汇,完不成出口计划的抽5%的外汇,出口新品种和超额完成计划的外汇,全归地方。

经过这一调整,到1958年底,中央各部属企事业单位由1957年的9300多个减少到1200多个,下放幅度高达88%。

2. 中央第一次"上收"事业单位资产管理权限

为了应对国民经济困难及管理体制松弛问题,中央对事业单位资产管理权限在第一次"下放"之后实施了第一次"上收"。1961年,依据中央的《关于调整管理体制的若干暂行规定》,经济管理权集中到中央、中央局和省(市、自治区)委三级。根据这一文件精神,中央对资产管理权限、资产投资管理权限、国有企业管理权限(含人权、财权、工商权等)、物资管理权限、资产收益管理权限等进行了不同程度的上收。其中,主要规定有:①经济管理的大权应该集中到中央、中央局和省(市、自治区)委三级。最近两三年内,应该更多的集中到中央和中央局。地区计划应当在中央的统一领导下,以大区为单位,由中央局进行统一安排。②1958年以来,各省(市、自治区)和中央各部下放给专区、县、公社和企业的人权、财权、商权和工权,放得不适当的,一律收回。③中央各部直属企业的行政管理、生产指挥、物资调度、干部安排的权力,统归中央主管各部。中央局、省(市、自治区)委需要调整时,应当取得中央主管部的同意。国防工业一律由国防工委直接领导。过去下放的国防工业企业一律收回。全国铁路由铁道部统一管理,铁路运输由铁道部集中指挥。④根据"统一领导、分级管理"的原则,凡属需要在全国范围内组织平衡的重要物资,均由中央统一管理、统一分配;在计划内应该调出的物资,各部门、各地方必须服从国家的统一调度。⑤财权必须集中。各级的预算收支必须平衡,不许有赤字预算。切实整顿预算外资金的收支。⑥货币发行权归中央。⑦国家规定的劳动计划,各部门、各地方不许突破。除国防工业和铁路职工外,中央各部直属企业的劳动力,根据国家计划,统一由中央局、省(市、自治区)委进行地区平衡。⑧所有生产、基建、收购、财务、文教、劳动等各项工作,都必须执行全国一盘棋、上下一本账的方针,不得层层加码,都必须集中力量,努力完成和超额完成国家计划。

3.中央第二次"下放"事业单位资产管理权限

1970年前后,中央急切需要调动地方的积极性,维持人心和社会稳定,开始着手对经济体制进行一系列的调整,这意味着中央第二次"下放"事业单位资产管理权限。事业单位的管理权限"下放"表现为三个方面:①大幅度下放事业单位。1970年3月,根据《第四个五年计划纲要(草案)》的精神,国务院要求各部将绝大多数直属事业单位下放给地方管理,少数由中央部委和地方双重领导,以中央部委为主。中央下放事业单位在"垂直体系"里被逐级再下放。②实行财政收支包干。国务院决定对各省、自治区、直辖市试行"定收定支,收支包干,保证上缴(或差额补贴),结余留用或者全额分成、收入留成"的办法。财政收支包干办法的确定为事业单位资产管理权限下放奠定了坚实的基础。③物资分配大包干。随着中央企事业单位的下放,物资分配实行大包干的管理体制,即在国家统一计划下,实行"地区平衡、差额调拨、品种调剂、保证上缴"的办法。此外,这一阶段里,中央还将下放事业单位的物资分配和供应工作移交地方管理。

### (三)初次实现财政统一管理和真正的"下放"管理模式

改革开放初期,配合经济体制转型和改革开放,我国对事业单位资产初次实现财政统一管理和真正的"下放"管理模式,取得了较大成效。

1.事业单位以"预算包干"方式实现财政统一管理

进入改革开放新时期,1979年,为提高资金使用效益,财政部出台了《关于文教科学卫生事业单位、行政机关"预算包干"试行办法》,办法规定:①凡是在预算管理上实行全额管理的单位,由现行国家核定预算,年终结余收回财政的办法,改为"预算包干,结余留用"的办法。即按国家核定的当年预算包干使用,年终结余全部留归单位支配。有些单位实行预算全额包干有困难的,也可以对单位预算中的一项或几项费用实行预算包干的办法。②凡是以自己的收入抵拨一部分支出,差额由国家补助,在预算管理上实行差额管理的单位,可实行"定收入、定支出、定补助、结余留用"的办法。即按国家核定的收入和支出,确定一个补助数额,包干使用,结余留归单位支配。③各部门各单位的预算,应该根据事业计划、人员编制、各项定额以及为保证完成各项任务所必需的资金,结合上年执行情况,由各级财政部门和主管部门予以核定。④实行预算包干办法以后,各单位的经费支出,财政上按银行支出数列入决算,预算结余部分,可以结转下年度继续使用。⑤各地区、各部门要抓紧制订各项经费定额。各项定额必须按照历年开支情况,事业发展的要求和国家财力可能予以确定。⑥为了兼顾国家、单位、个人三者的利益,在实行"预算包干"后,各单位可以从增收节支中提取一部分作为奖励。⑦实行预算包干以后,各部门、各单位要严格执行国家财政制度,严禁弄虚作假。财政部门要加强监督。由此,国家对事业单位资产以"预算包干"的形式初次实行了财政统一管理模式。

2."预算包干"阶段资产处置收益被作为预算外收入处理

在试行"预算包干"阶段,事业单位资产处置收益被作为预算外收入处理,各个事业单位形成了事实上的对资产占有使用与收益的权利,占有的越多,收益的就越多。国家在此期间出台了一系列政策规范资产处置收益,如专户存储、收支两条线等。事业单位资产管理作为财务管理工作的一部分,此时实行的是财政部统一领导下的分级管理体制。这一时期,传统的计划经济已经开始向有计划的商品经济过渡,计划经济体制与市场调节手段并存。在"划分收支、分级包干"的财政体制下,我国大力举办科技、教育、文化、卫生等各项社会事业,相应建立了比较完善的国有事业单位体制,为经济发展和社会全面进步提供了条件。事业单位实行预算包干制,在结余资金上较以往有了更大的支配权。

### (四)尝试专业部门管理及两类资产分开管理的模式

从20世纪80年代末开始,为了适应经济社会的发展及一些新情况的出现,我国开始尝试对资产实行专业部门管理,并对两类资产实行分开管理,试图提高资产管理的效率,优化其管理效果。

1.成立国家资产管理局尝试专业部门管理

随着资产规模的不断增加,建立集中的资产管理体制的要求日益迫切。1988年,第七届全国人大一次会议作出了"要抓紧建立国有资产的管理体制"的决定,同年9月,国务院正式组建国家资产管理局(以下简称国资局),归口财政部管理,其中内设行政事业资源司,统一行使事业单位资产所有权管理职能。国资局成立后,各省、自治区、直辖市、计划单列市逐步建立了副厅级、副局级的资产管理机构,或在财政厅(局)内设立相应的资产管理处或筹备组。国资局作为事业单位资产的代表,行使国家赋予的资产所有权、监督管理权、投资收益权以及资产处置权。

2.事业单位资产与企业资产分开管理

组建国资局名义上是对全部资产实行集中管理,实际上实行的是对事业单位资产和企业资产实行分开管理,国资局重点管理企业资产,行政事业类资产委托给其他部门管理。1991年2月,国资局发出《关于委托国务院机关事务管理局管理中央国家机关国有资产的通知》,正式将中央国家机关资产全权委托国务院机关事务管理局管理。事实上,这一阶段的事业单位(中央国家机关等行政单位之外的事业单位)资产管理未得到应有的重视,管理权限并不明确。

3.在开展财产清查登记工作的基础上进一步理顺资产管理体制

1992年12月至1993年8月,开展了全国事业单位财产清查登记工作。在1994年11月召开的全国资产管理暨清产核资工作会议上,又进一步明确了资产改革的原则、目标和工作任务。1995年,原国资局、财政部制定了《行政事业单位国有资产管理办法》,基本理顺了事业单位资产管理"统一政策、分级管理"的体制,明确了各级、各部门、各单位资产管理的职责,规定了事业单位资产管理的内容。

# 第三章 资产管理在事业单位
# 经济管理中的预算管理作用

## 第一节 预算管理与资产管理相结合的原则

### 一、预算管理与事业单位国有资产占有相结合的理念

要树立预算管理与事业单位国有资产占有相结合的理念,必须确立事业单位国有资产国家所有的性质,全面认识资产管理和预算管理之间的相互关系及其过程的统一性,深入理解二者相结合对于深化公共财政改革的现实意义。

#### (一)确立事业单位资产国家所有的性质

确立事业单位资产国家所有的性质涉及一个观念转变问题,就是要把事业单位国有资产的"部门所有""单位所有"的观念,转变为国家所有的观念。

从产权的角度而言,完整的所有权包括终极所有权、占有权、使用权、处置权、收益权(剩余索取权),这些权力从法律上是可以明确界定并且在实践中可以分离的。单位对国有资产的出租、出借及处置等方面不享有自行决定的权力,也不享有出租、出借及处置收入。明确了这一点,我们就可以知道事业单位国有资产的出租、出借等行为不能由单位自行决定,而必须经由国家行政事业单位国有资产的综合管理部门(财政部门)批准,其出租、出借所形成的收入也必须纳入财政预算管理。

同时,既然是事业单位资产为国家所有,那么事业单位国有资产的占有使用就必须脱离"小集体、小集团"的范畴,由政府负责事业单位国有资产管理的职能部门(财政部门)来统一行使综合管理职能。预算管理作为财政部门行使其职能的主要手段,也是财政部门对事业单位资产进行综合管理的重要工具。

**(二)明确资产管理和预算管理两者互为前提和基础**

一方面,财政预算是事业资产形成的主渠道,事业单位国有资产的日常维持运转和价值补偿主要依靠预算安排来实现;另一方面,资产存量是核定单位预算的主要基础,资产管理水平直接影响着预算资金分配的科学性和有效性。只有在准确掌握单位资产存量、建立科学的资产配置标准体系的基础上,才能结合事业单位改造职能的需要,科学编制和核定事业单位有关资产的各项预算。所以,资产管理和预算管理关系的实质就是资产存量管理和增量管理的关系,即以存量制约增量,以增量激活存量,并通过资产购置和资产调剂两种手段,达到提升事业资产管理水平和促使部门预算编制更加科学的根本目标。

**(三)明确资产管理的过程与预算编制、执行和决算的过程具有统一性**

在财政部门内部,应进一步理顺预算处和资产处的关系,明确职责分工,由预算处牵头,主动将部门预算管理与资产管理相结合,逐步将资产的配置、使用、处置和收益全过程的监管纳入预算管理体系。在预算编制阶段,资产管理部门通过资产存量提出资产配置审核意见,为预算部门编制预算草案提供准确可靠的信息;预算通过审批后,预算部门将正式预算的资产预算信息反馈给资产管理部门,为实施资产预算跟踪管理提供依据;在预算执行和调整阶段,预算执行部门将履行采购、资金拨付等手续后形成的资产信息,动态地传递给资产管理部门,资产管理部门及时跟踪资产预算执行结果,输出资产增减变化的数据,为预算执行和资产调剂提供参考。在预算的报告分析阶段,资产管理部门全面总结分析资产的动态管理情况,形成期末资产报告,与决算报告相互印证。

**(四)明确二者结合对于深化公共财政改革的现实意义**

近年来,通过推进部门预算、国库集中支付、政府采购、收支两条线等各项财政改革,在财政资金的管理层面实现了公共财政改革的重大突破。但是由于事业单位资产管理领域的改革相对滞后以及资产家底不清、配置标准不规范等问题的存在,阻碍了公共财政改革整体水平和效能的提升。如何进一步加强预算管理与资产管理工作,推进两者的结合,是财政改革必须研究解决的重大课题[①]。

**二、事业单位国有资产管理改革的方向:与预算管理相结合**

目前,在行政事业单位国有资产管理中存在的种种弊端,已成为部门预算改革进一步深化及其他财政管理改革纵深发展亟待解决的问题。为此,我们必须寻求一个预算管理改革与行政事业单位国有资产管理改革相结合的机制,来保证公共财政管理的效率,形成完整的支出链条。要做到预算管理改革与事业单位国有资产改革相结合,必须从以下几个方面入手。

**(一)强化预算管理,改革事业单位国有资产的配置方式**

财政部门必须发挥资产管理与预算管理相结合的优势,加强资产配置的预算管理。对超标准配备资产的,坚决不列入预算,建立科学合理的固定资产预算制度。按照建立公共财政框架的要求,依据每个事业单位的机构职能、承担的业务量和人员状况,分门别类地制定包括种类、数量、规格等项目在内的行政单位资产配置标准,使之成为安排财政支出预算以及单位购置资产数量和质量的基本依据。同时,在资产构建中进一步推广与规范政府采购,包括拓宽政府采购的范围、完善相应的采购制度和政策法规等。另外,应当正确处理部门预算与事业单位国有资产统一预算的关系。

_____
①史清宇.DL公司全面预算管理研究[D].哈尔滨:哈尔滨商业大学,2019.

### (二)通过部门预算的编制,科学合理地处置资产

各单位、部门在编制部门预算时,应考虑事业单位国有资产的转移、变价、报废等资产流量问题。当事业单位国有资产产权发生转移或者资产核销时,应在规定时限内报财政部门审批,这样可以保证财政部门及时准确地掌握单位资产变动的情况,同时也为下一年度部门预算的编制提供必要的依据。资产的变价和残值收入应按规定纳入"收支两条线"管理,以便财政部门对资产进行全程临近,避免出现各单位收入分配的不均或变相处置行政事业单位国有资产。如果事业单位撤销、合并、改制及隶属关系发生改变时,应当对其占有、使用的行政事业单位国有资产进行清查登记,编制清册,报送财政部门审核、处置,并及时办理资产转移手续。

### (三)完善资产数据库建设,为编制部门预算提供准确信息

搜集整理现有的资产资料数据,建立事业单位国有资产管理信息系统,并将其与预算管理信息系统结合起来,通过一定的技术手段,实现两个信息系统的兼容和共享,进行动态管理。事业单位应建立国有资产管理信息系统,将经过财政部门审核、批复的资产评估结果和资产统计报告所反映出来的单位基本信息、资产来源信息、占用水平信息等基础数据录入系统中,作为资产管理和预算管理的依据和基础,且要及时进行数据更新,最好能够显示某项资产的即时状态,如"已转移至某某单位""审核中""已批复"等,保证资产的动态管理。财政部门在审批单位资产购置、处理报告、监督单位资产使用时,能通过预算信息系统从互联的资产管理信息系统中找到单位资产的占用、变化等信息,便可合理安排行政事业单位的资产购置计划、处置情况,随时临近资产的状态,从而通过一定时期的增量调节最终达到存量的合理化。

因此,要提高公共支出的效率,必须同时在预算管理和资产管理上下功夫。只有加快事业单位国有资产管理改革的步伐,事业单位国

有资产管理部门才能为编制部门预算、细化预算提供预算编制所需要的信息资源,为部门预算的编制提供有效的数据,为政府采购提供公正合理的资产配备标准,用规范、透明的资产审批程序解决事业单位国有资产配置混乱的问题。同时,资产管理改革结合了预算管理,才能发挥效力,才能够实现资产管理动态与静态、存量与流量相结合。

# 第二节　事业单位预算管理实证研究

## 一、基于公共预算刚性的部门预算松弛实证分析

### (一)引言

预算是政府的生命和血液,如果我们不说"政府应该怎样做",而说"政府预算应该怎样做",就可以更清晰地看出预算在政府公共治理中所起的核心作用。政府预算不仅是"第一重要的政治文件",而且也是最主要的施政优先顺序文件。正是基于这种思想,近年来,各国的公共管理改革都将预算改革作为重点之一。

我国自 2002 年开始全面实行的部门预算管理制度是公共财政管理体制改革的一项重要内容,被认为是继 1983 年利改税和 1994 年分税制改革以来财税管理的第三次重大改革。部门预算是编制政府预算的一种具体制度和方法,它是由各级政府的各个部门编制的,反映各个政府部门所有的收入和支出。所谓"一个部门一本预算",就是和以往以功能为基础编制的功能预算所进行的对比。

国外学者在 20 世纪 60 年代就发现了政府预算松弛的问题。Cyert 和 March 将其描述为"组织松弛",Migue 和 Belanger 将其称作是"自由利润",Orzechowski 把它称为"财政剩余"。部门预算松弛是政府预算松弛中的一个重要方面,但是目前国内外对该问题的实证研究仍为空

白。本节尝试以相关理论为基础，从权变分析视角，对部门预算刚性、预算参与和信息不对称诸因素对部门预算松弛的影响进行研究，以期待发现这些权变因素与部门预算松弛之间的内在关系。严格来讲，省级部门预算松弛分为两类：一类是本级预算单位对省级财政中的预算松弛；另一类是下属二级及以下各级预算单位对本级预算单位中的预算松弛。

**（二）理论述评及研究假设**

1.部门预算松弛及成因简析

所谓部门预算松弛，就是指在部门预算管理过程中，由于各种客观存在因素的作用，导致部门预算管理参与者的利己动机，驱使其高估成本、低估收入，使实际数据和预算数据之间产生差异的管理行为。

公共预算在属性特征上具有一种交易过程的倾向，预算是通过大量的政治交易产生的。公共预算作为一个政治决定程序，是政治家和公民（公共产品的消费者）之间的"交易"过程。预算资金使用者是一个个利益集团，它们通过争取有限预算资源的种种努力，换取了预算部门的相应资金配给。就预算部门而言，虽然其整体上追求的目标应是社会总效用的最大化，但在承认政府官员个人也具有自身利益动机的前提下，预算管理者也具有以其掌握的有限预算资金向使用者换取自身利益的内在冲动。立法监督机构虽然通过建立严密的监督制衡机制，可以抑制预算管理过程中的设租与寻租行为，以控制公共预算的规模，但其代价是建立相应的公共选择机制所需要的交易成本。西方学者对于公共预算的经典定义之一认为，预算是贴有价格标签的一系列目标。这进一步表明，预算政策的实现需要以价格作为衡量彼此交换的尺度。在现实世界中，公共预算也同样体现了交易过程的色彩。

中国的预算过程也同样具有较强的交易倾向。在计划经济体制下，预算草案的计划制订、修改和确定等实质上都是在政府内部解决的,是各种政治力量在政府内部折冲樽俎的制约与妥协的产物。即使在今天,政府机构提供公共产品以换取预算资金维持自身运转,仍旧是这些机构作为一种社会组织得以存续的合法性基础。

交易成本经济学作为一门分析经济组织的制度理论,在20世纪90年代开始被用来解释公共预算制度的设计。在这种分析框架中,预算被看成是一种合同。从交易成本经济学的角度看,预算过程就是制定和实施预算合同的过程,这个过程中会发生各种交易成本;形成预算合同时必须支付事前交易成本,如讨价还价费用、信息费用、决策时间和协调费用等;确保预算合同能够实施的事后交易成本。在对官员行为的研究中,尼斯坎南认为,官员与其他所有人一样,都是效用最大化者。而官员的效用最大化即预算最大化。

部门预算委托代理关系中涉及社会公众、政府、政府财政部门、政府其他职能部门及其所属事业单位等多个代理人,而且政府、政府财政部门、政府其他职能部门既担任代理者角色,又担任委托者角色,形成了极其复杂的多层次委托代理关系。预算资金是一种稀缺性资源,而在我国,部门预算必须经过"两上两下"及提交人民代表大会通过的法定程序,因而预算项目及数额都具有很强的刚性。在这种条件下,预算参与中的各层委托主体的行为目标就会自然被设定为各自效率最大化。预算用款单位追求预算最大化,即追求本部门预算最大化目标;而具有预算资金分配权的部门(发展和改革委员会、财政部门等)的行为目标则具有双重性,一方面作为委托方存在着预算编制效率及预算资金使用效益最大化的目标;另一方面也存在着本部门预算最大化的动机。而基于委托代理的信息不对称水平会加剧这种情况的程度,因为对于预算单位来说,它们控制的专业知识和信息都可以用来追求本部门利益最大化。

应当说,预算资金稀缺性和预算刚性是导致部门预算松弛的出发点,而客观存在的信息不对称是部门预算松弛产生的条件,部门预算参与为预算松弛提供了机会。

2.公共预算的刚性特征与部门预算松弛

刚性管理(有的称为硬性管理)即在管理活动中体现刚性特点,政府预算的刚性几乎是所有国内学者一致认同的,均认为要强化对政府预算行为的刚性约束。归根溯源,这是由资源稀缺性和预算的法律特征所决定的。

现代经济学的逻辑起点就是资源的稀缺性,它包括的范围非常广泛,显然也包括公共财政资金。追求效率与公平的和谐构成了现代经济学不可动摇的重要基石。从公共财政资金来讲,它主要来自于广大纳税人依法缴纳的各种税费,是保证国家行政事务管理最主要的资金来源和支撑。而无论国家发展规模和社会事务范围的大小,财政资金的总量总是不足的,仍需按照"量入为出"的原则进行分配和使用。这是构成政府预算刚性最重要的原因,也是各国均以立法形式保持政府财政预算刚性特征的最主要原因。我国的《预算法》也对保证政府预算刚性制定了很多约束性条款,涵盖了从预算目标、预算编制、预算执行、预算调整到预算监督等各个方面。

从管理学来说,通过预算刚性来设计并保持一种良好环境,在从事预算计划、预算组织、预算领导和预算控制等管理工作时能够确保表现出果敢、坚毅、正直、无私,使预算管理工作有条不紊、严格坚定、不易改变。刚性管理是一种根据成文的规章制度和组织职权进行的程序化管理,是以规章制度为中心的理性科学管理。但是,从人本管理角度来看,刚性管理也具有一定的缺陷,具体表现在:首先,刚性管理是单一的与单向的,缺乏灵活与弹性,是一种强调严格的控制,是采取纵向高度集权的、以规章制度为本的管理;其次,刚性管理不能充分调动组织成员的积极性;再次,刚性管理未能涉及组织内所有工作;最后,刚性管理容易使组织僵化,缺乏活力,灵活性、适应性不强。

从部门预算管理来看,由于预算部门科目、定额等具有高度的刚性化特征,部门预算编制通常是在前一年的第三季度就已经开始,对预算期间的许多事项是无法准确预知的,而在预算执行过程中也无法随时根据情况变化更改预算科目及数额,即使现行变更程序也很难操作,所以对于处于委托代理各个层级的部门预算资金分配部门和预算资金使用单位来说,它们害怕少报预算从而为今后的基本支出和项目支出埋下隐患,也担心由于变故而游走于各个审批单位之间变更预算项目或数额,唯一的出路就是在"两上两下"法定合理的程序中,为自己腾出空间、留有余地。如此一来,部门预算松弛就势在难免。也可以说,正是由于预算资金稀缺性和公共预算极强的刚性约束,才导致了各部门的预算松弛。

3.部门预算参与、信息不对称与部门预算松弛

各国的政府预算改革都倡导预算参与,因为任何一个有效运转的组织都需要良好的自上而下以及自下而上的沟通,而公民参与恰恰是一种重要的自下而上的沟通方式。公民参与公共政策执行有利于增加对现存政治体系和公共政策执行内容的认同与支持,能够提升公共政策执行的绩效;公民参与公共政策执行过程有利于调适公共政策执行主体和客体的利益矛盾,增强公共政策与公民需求之间的相互适应性;公民参与监控和评估公共政策的执行,有助于消减公共政策执行偏差,促进以公共利益为核心的社会利益最大化的公共政策目标的实现。我国部门预算"两上两下"的编制程序正是充分体现预算参与的良好形式。但委托代理关系的各层级通常是以追求本位效用最大化为目标,允许其参与目标设定,通常会导致出于个体利益偏好行为的发生,部门预算松弛就是其中之一。

信息不对称是客观存在于组织中的一个重要现象,在部门预算管理中也不例外,而且信息充分性的优劣对比明显。资金分配部门要掌握预算资金使用单位的真实收支信息,无疑需要付出很大的搜寻成本。同时,在确定预算数额的过程中,资金分配部门和预算资金使用

单位之间要就预算数进行反复的协商,这也需要付出大量的时间成本与人员成本。由于信息不对称,资金分配部门通常只能根据以往的经验,对各部门上报的数据进行削减。同时,如果所有的部门都预期,即使它们不从财政资金中攫取更多的,甚至是多余的资金,其他部门也会选择这样的策略,那么它们便会发现,对财政资金采取掠夺策略是最佳策略。在这种情况下,如果没有一种制度来解决这些问题,结果就只能是一种"囚徒困境",掠夺性策略在预算领域就会盛行。而如果资金分配部门预计到预算资金使用单位采取的是上述的掠夺性策略,那么,它的对策就会是对所有上报的部门的预算数都进行经验性的削减,这样,即使没有虚报的部门的预算也会被削减,由此,就导致了预算编制过程中的"劣币驱逐良币"现象。预算资金分配的科学合理性也就难以保证了。

在公共权力的委托代理运行中,代理人对公共权力拥有更多信息,并在这种隐含的委托代理契约及其执行中拥有潜在的优势,随着委托代理层级的增多,代理链条加长,终级代理者的信息优势越大,相对而言,初始委托人的信息劣势越明显。同时,双方都是有限理性与有限能力的。部门预算是"自下而上"编制的,从部门预算编制的角度看,作为代理人的各个政府职能部门凭借对本部门工作职责和工作任务的了解及对本部门专业业务的精通,在与其直接委托人即财政部门对口业务司(处)的"讨价还价"中,他们总是有充分理由说明其预算支出的必要性和预算规模的合理性,而财政部门对口业务司(处)只能凭经验对部门提报的预算进行削减,以"基数加增长"确定该部门的支出水平。在财政部门下达的控制数内安排各项支出,这又是各个政府职能部门的自主权力;从部门预算审查的角度看,部门预算草案经过有限理性的直接委托人即财政分管的业务司(处)审核后再呈送上一层委托人即本级人大财经委员会初审时,由于受时间、精力和专业的限制,加之对送审部门的工作职责难以准确把握等诸多原因,部门预算中仍然有一些不合理支出被保留了下来。

从上述的分析不难看出,预算松弛是预算参与条件下,基于信息不对称的一种必然现象,其出现和存在也会进一步加剧预算管理过程中的信息不对称程度。正是由于存在这种互相影响的效应,使得预算松弛成为预算管理中的功能异化和一项扭曲的管理行为,从而最终使逆向选择和败德行为必然出现及恶化。

我们对预算刚性会导致部门预算松弛、预算参与和信息不对称,也会产生部门预算松弛的预判,是基于理论和逻辑分析得到的初步结论。这些结论是否成立,还有赖于经验证据的证明。基于此,我们提出的研究假设是:①预算刚性和部门预算松弛之间具有正相关关系。②预算参与和部门预算松弛之间具有正相关关系。③信息不对称水平和部门预算松弛之间具有正相关关系[1]。

## 二、基于公共预算紧度的部门预算松弛实证分析

### (一)引言

政府公共财政预算的重要地位早已为人们所认可。但是部门预算松弛制约了部门预算效率的发挥,有很多研究者都认为,预算松弛广泛存在于各类组织中。换句话说,只要存在着预算控制的地方,就有可能产生预算松弛。预算松弛会对预算控制产生负面影响,因为它会导致社会资源分配不当,抑制资源利用效率的提高,并且通过预算松弛,当事人会以较少的努力达到预算目标而获取相同的预算绩效报酬,造成分配不公。

正是因为这些原因,预算松弛在某种意义上成为一种功能异化的行为,是在预算控制中尚未解决的一个主要问题,有必要加以控制。在国内最早提出国内公共预算松弛的是马新智等人,他们在对政府性基金进行分析后指出,由于公共财政本身所固有的特点,基金预算中可能存在预算松弛。他们通过实证检验认为,研究样本中基金预算松

①罗玉,赵聚辉.浅析事业单位预算绩效管理[J].经济研究导刊,2019(28):73-74.

弛的分布面很广,并且预算松弛程度较高。部门预算松弛是政府预算松弛中的一个重要方面,但是目前国内外对该问题的实证研究仍为空白。

**(二)理论回顾及研究假设**

1.部门预算松弛及成因简析

在"两上两下"的部门预算编制程序中,从省级部门预算管理来说,涉及三个方面的利益主体:其一为财政部门;其二为各个省级一级部门预算单位;其三为这些一级部门预算单位下属的行政或事业单位(二级及以下部门预算单位)。从财政部门来讲,它在预算编制过程中发挥的作用是分配预算资金,而由于预算资金是一种稀缺性资源,因此作为预算委托代理关系中的重要一层委托人,财政部门需要对预算编制的效率及预算资金的使用效益负责。因此,在这里,财政部门在预算编制这一层委托代理关系中的行为目标被设定为预算编制效率最大化和预算资金使用效益最大化。对于省级一级部门预算单位及其下属的行政或事业单位(二级及以下部门预算单位,即预算用款单位)来说,它们会"追求预算最大化",这就意味着预算单位以追求本部门预算最大化为目标。而那些除了财政部门以外的具有预算资金分配权的部门(发展和改革委员会、科技部门等)的行为目标则具有双重性:一方面,作为预算资金分配管理主体之一,它们在对其掌握资金分配的委托代理关系中,作为一个委托方,存在着预算编制效率及预算资金使用效益最大化的目标;另一方面,它们也存在着本部门预算最大化的动机。

前面已经分析了在部门预算编制过程中,预算单位常见的行为主要表现为隐瞒收入、虚增开支和基本支出与项目支出管理混乱。这些行为都导致了实际收入或支出的发生额与预算编报数之间产生脱节,并且对于收入来说是少计,而对于支出来说则是多计。这些都是典型的预算松弛的表现,而且无论是从实际情况还是从理论分析来看,这种情况都是普遍发生的。

2.公共预算的紧度特征和部门预算松弛

公共预算的紧度可以从两个方面来理解:第一,由于公共财政预算在公共管理中的重要地位,直接导致了公共预算具有极高的权威性。这就要求在每一个预算编制期,所核定并交付执行的预算要经过长期的、严格的和法定的程序,并且在核定部门预算定额等基数的时候,要尽量按照"量入为出"的原则进行安排,对于收入尽可能多地考虑进来,对于支出则尽可能少地安排。不仅在编制过程中如此,已经交付执行的预算遇有实际情况发生变化的时候需要调整,其手续也非常繁杂、过程也较为漫长。就是说,从这个意义来看,公共预算的紧度表示为对既成事实影响力的极高局限性。第二,财政资金具有很强的稀缺性,此外我们出于对政治体制运转的考虑,还必须追求政府行政管理的效率,表现在经济上即以较少的所耗换取较多的所得。而对于那些使用预算资金的单位来说,由于存在着本部门利益最大化的冲动,谁都想在申报预算资金的时候多要一些,谁也都想在申请到手的经费既定的情况下少付出努力。就是说,从这个意义来看,公共预算的紧度表示为经费既定的情况下却无法降低工作难度。

从第一个方面来看,由于法定的部门预算编制程序、一般预算编制以"人头"为基础的硬约束、项目预算具有一定的弹性空间、预算指标一旦确定就很难改变等客观存在,预算编制单位在预算编制和执行中,会动员其全部资源,在预算指标确定之前就想尽办法为自己争取最大利益。它们会考虑通过拉关系走后门等"共谋"手段及假造"人头"以谋取更多的一般预算经费,编造或杜撰项目以增加项目预算经费,也会在"适时""适地"的情况下见缝插针,争取变更或调整预算以达到追加预算经费的目的。这样做的后果自然会导致实际需要的经费与预算经费之间出现差异,有的时候还可能有很大的缺口,这就是部门预算松弛问题的表现。

从第二个方面来看,关于组织目标设定是否会产生预算松弛的问题有许多研究。例如,Hopwood曾经通过实证研究发现,过紧的预算控制会导致工作紧张程度的加强、与上级关系恶化、同事关系恶化、大量财务数据操纵。李国忠的研究也发现,预算目标难度设置过高会产生人为的业绩操纵行为。过高的预算目标通常意味着对未来的估计过度乐观,管理人员可能缺乏实现预算目标的动力,出现不符合企业长远利益的短期行为或增加其操纵数据以满足预算要求的可能性。

3.公共预算参与、信息不对称和部门预算松弛

我们上面的分析认为,过紧的部门预算控制会导致部门预算松弛。但是,如果如下的两个前提成立的话,可能就不会得出这样的结论,这两个前提是:①取消"两上两下"部门预算编制程序中的预算参与内容,即根本不允许预算资金使用单位参与自身预算指标的制定。②预算资金分配部门(主要是财政部门,也包括发展和改革委员会和科技部门等)在核对被分配资金使用单位的预算定额时,充分掌握了各个单位的实际情况,即根本不存在资金分配方和资金使用方之间的信息不对称。但是我们稍微思考一下就会发现,这两个前提在现实中都是不可避免的。

现实存在的部门预算紧度对于预算资金使用单位来说是不可避免的,也是这些单位制造部门预算松弛的主观动因;资金分配方和资金使用方之间的信息不对称则是这些单位制造预算松弛的客观条件;而部门预算参与(即"两上两下"的部门预算编制程序)则向这些单位提供了制造预算松弛的机会。

# 第三节　完善事业单位资产配置标准和费用定额管理

## 一、完善资产配置标准体系

缺乏对事业单位人均占有资产合理性的研究和界定,缺少可参照的量化指标,是事业单位国有资产管理工作中的一个难点。从我国事业单位情况来看,人均占有资产量最多的是自收自支事业单位,其次是差额事业单位、行政单位、社会团体,全额事业单位最少。因此,应根据不同的情况制定科学合理的资产配置标准以及费用定额标准的具体措施办法,尤其要建立对行政事业单位的房产、地产和车辆实行按标准配置、费用定额管理的制度,才能使事业国有资产管理纳入规范化轨道,才能有效防止办公用房越建越大,土地越占越多,车辆配置越来越高,单位之间相互攀比,财政开支越来越大,政府运行成本越来越高的问题。

建立和完善资产配置标准体系,探索建立公用经费预算与实物费用定额相结合的机制。事业单位资产实物配置标准体系的建立,为资产购置计划的审批提供了依据。在此基础上,应探索建立和完善实物费用定额制度,为资产的日常维护、消耗费用的审批提供依据。资产配备及费用定额标准的制定不仅应具有权威性,还应具有法律性,其配置标准和费用定额标准最好能经独立测评机构进行测评,经专家机构审核。

财政部门应当按照配置标准配置事业单位国有资产,配置的事业单位资产应当符合以下条件:第一,配置的资产确为事业单位履行职能所必需,且现有资产无法满足事业单位履行职能的需要;第二,事业单位无法通过与其他单位共享资产获得通过使用该项资产可以获得的产品与服务;第三,通过使用该资产获得的产品与服务无法通过市场购买或者通过市场购买不经济。对于事业单位长期闲置、低效运转或超标准配置的资产,原则上由主管部门进行调剂,必要时也可以由财政部门进行调剂。事业单位购建资产,应当按照规定程序报同级财政部门审批。经审批同意的构建项目,列入单位年度部门预算。事业单位构建纳入政府采购范围的资产,应当按照国家有关政府采购的规定执行。

配置标准体系的构建,为预算部门编制和审批资产购置提供了科学的依据。目前,事业单位很大一部分国有资产缺乏配备标准,现有的一些配备标准也存在过粗、幅度过大和不符合实际、约束力不强的问题,因此必须尽快根据工作需要重新制定。

### (一)制定配置标准的原则

1.因地制宜、分类制定的原则

因地制宜,就是不同地区要区别对待,坚持按属地原则制定标准。我国存在较严重的地区发展不平衡,各地区的发展水平差距大,坚持属地原则有利于标准的实施,也有利于同一地区各部门和单位之间的平衡。另外,由于行政单位和事业单位发行职能的差别,行政单位和事业单位资产配置标准应分别制定。对行政部门而言,不同地区、不同部门、不同单位要区别对待,应根据个体情况,制定不同的配备标准;对事业单位而言,标准和制定则更为复杂。由于涉及行业多、资产类型复杂,制定配置标准时应按不同行业、不同类型、不同规模、不同地区等多种类型来分别制定。

2.合理可行原则

合理可行原则就是充分考虑现阶段资产使用中的实际情况及财力可能,从实际出发制定配备标准,以保证配备标准的可行性。

3.以资产信息报告和资产使用绩效为基础的原则

配置标准应该在全面、准确、详细收集资产实物量、价值量信息,科学评价资产使用绩效的基础上测算、修正后生成。

4.为预算管理精细化服务原则

由于资产管理和预算管理存在着相互促进的关系,制定行政事业单位资产配置标准时,必须考虑所制定的标准能为细化预算、推进部门预算的深化改革这一目标服务。各级财政部门应结合当地经济和行政事业发展实际情况及行政事业单位履行职能需要,以促进预算安排的科学合理和财政资源的优化配置为目标,逐步建立和完善本级行政事业资产配置的标准体系。

**(二)确定行政事业单位资产配置标准的职能部门**

由于配置标准及费用标准体系的构建既要考虑事业单位行使职能的需要,也要考虑财力的可能性及资产配置中的公平性,是一项长期而复杂的工作,应由资产综合管理的职能部门(财政部门)负责研究制定。

**(三)制定事业单位资产配置标准的工作步骤**

从我国阶段事业单位国有资产的管理现状和管理水平出发,制定事业单位资产配置标准应按照"先行政后事业、先大后小、先点后面"的顺序进行。

"先行政后事业"是考虑到行政单位资产管理相对于事业单位资产管理要容易,采取先易后难的做法,先从行政部门做起,打开局面,积累经验。"先大后小",就是抓住占总量大头的资产先制定标准,待积累经验后再制定其他资产的配置标准。由于大项资产主要是通过项目支出预算进行配置的,因此以项目预算支出标准体系的构建为切入点,是符合我国现阶段行政事业单位国有资产的管理现状和管理水平的。房产、地产、公务用车和现代办公设备等固定资产是行政事业单位国有资产的大头,首先研究制定这几项资产配置标准。如为了加强对行政事业单位公务用车配备和办公设备等的管理,制定《行政事业单位小汽车配备标准》,出台《行政事业单位办公设备配置标准》《行政事业单位物业管理费预算管理规定》等制度。"先点后面",就是先试点,取得经验后再全面推广,采取这种方法可以在试点时发现问题,在推广前找出解决办法,大大减少改革成本。

### (四)青岛市制定资产配置标准的经验借鉴

为推进青岛市行政事业单位资产配置预算工作的开展,青岛市财政局对资产配置标准进行了多方面的研究,在借鉴中央及相关地方经验的基础上,结合本地实际,拟定了公务用车、办公设备、办公家具及会议室设备的配备标准,并对其使用年限进行了规定。

单位配置资产应当严格按规定标准配置,对没有规定配备标准的资产,应当从实际需要出发,从严控制,合理配备。资产配置标准是指对资产配置的数量、价格和技术性能等的限额标准,是编制购置计划、审核购置预算、实施资产采购和对资产配置进行监督检查的基本依据。资产配置标准是一个动态标准。今后视社会经济发展水平、市场价格变化等因素,财政部门将作适当的更新和调整。

资产配置须严格执行政府采购、节能环保产品制度和本办法规定的有关配置标准。公务用车包括市级、局级干部用车、一般公务用车和执法执勤公务用车,其配备、更新均有相应的标准执行。办公设备包括信息化办公设备和其他设备等,按照机构职能、人员编制的一定比例和规定价格、性能规格进行配置,未达到规定使用年限不得更新。信息化办公设备的配置必须符合国家有关部门关于安全保密的相关规定,涉密岗位的信息化办公设备须经过安全检查后方可配备使用。办公家具的配置应符合简朴实用、节约资源和环保的原则,不得配备高档和进口家具[①]。

### 二、完善实物资产费用定额管理

细化和完善实物资产费用标准体系,加快推行实物费用定额制度,探索建立资产费用定额和定员定额之间的有效衔接。制定实物资产费用定额标准要力争做到科学合理。如果定得过低,会造成预算追

---

①郑建明,顾湘. 公共事业管理[M]. 上海:上海交通大学出版社,2011.

加;定得过高又会造成新的浪费。无论哪种情况,都会破坏部门预算的严肃性,使预算形同虚设。

**(一)存在问题及原因**

目前,我国事业单位实物资产费用定额标准普遍存在着过时、过粗及不符合实际需要等问题,这主要有以下几个方面的原因:一是价格上涨导致实物费用定额显得过低,而又没有及时调整;二是现行的事业单位财务会计制度不够完善,不能准确反映资产的耗费情况,新旧资产的日常维护和消耗费用有可能存在较大差距;三是部分地区受可用财力的影响,即使制定了实物资产费用定额标准也不能保证足额纳入预算,因此通常采取打包的办法粗略地编制这部分预算;四是资产实物费用定额与定员之间缺乏有效衔接。

**(二)完善资产费用定额标准的措施**

完善资产费用定额标准的措施包括:第一,各级财政部门负有制定本级事业单位实物资产费用标准的职责,应根据人格变化等情况及时研究修订实物资产费用标准,保证标准科学和合理。第二,完善事业单位财务会计制度,使之能反映资产耗费情况。第三,考虑到事业单位资产构成复杂形态多样,其费用标准的制定不宜采用综合定额,而应该采用分类分项定额。目前,很多地方已经按公用经费预算的不同项目确定了人均定额标准,并按定员定额法确定分项公用经费总额,这样比综合定额更加科学合理。但从改革的角度出发,这项工作可以做得更细。如车辆维修费的核定,如果统一按每辆车某个定额标准来核定,而不考虑车辆的用途、新旧状况、车辆的档次,这样核定的车辆维修费显然有不合理之嫌。同时,资产实物费用定额与定员定额之间也需要进行有效衔接,对差旅费等非实物资产消耗支出可以按单位性质通过定员定额来核定,但对物业费等实物资产消耗还是应该在摸清家底的情况下,按房屋等实物资产的实际占有量来核定,而不宜采用定员定额标准来核定。

# 第四章 资产管理在事业单位经济管理中的监督与管理作用

## 第一节 事业单位资产的定义和特征

### 一、事业单位资产的定义

事业单位资产一般是指事业单位占有、使用的,依法确认为国家所有,能以货币计量的各种经济资源的总称,即事业单位的公共财产。一般情况下,我们所探讨的事业单位资产是指由该单位占有和使用的资产,而不包括社会公众共同使用的一些资产。事业单位的资产构成以非经营性资产为主,但也包括了一部分经营性资产。从理论上说,事业单位是提供公益性服务的,其资产不以经营为目的,收费以弥补成本为限。这部分资产由于自我补偿能力和自我积累能力弱,需要财政拨款的持续投入来维持其正常运转。在监管不力的情况下,事业单位的非经营性资产实际上已越来越多地转化成经营性资产,事业单位以占用的各种国有资产进行创收活动,背离了社会公益目标。因此,本节虽然是研究非经营性资产,但也要把这部分经营性资产纳入监管研究的范围中来。

本节研究的事业单位资产,包含了事业单位所从事的25个事业领域或行业:教育、科学研究、勘察设计、文化、新闻出版、广播影视、卫生、体育、农林牧水、交通、气象、地震海洋、环保、测绘、信息咨询、标准计量、技术监督质量监测、知识产权、物资仓储、供销事业、房地产服务及城市公用事业、社会福利、经济监督、机关后勤服务以及其他社会事业领域。

我们再来看事业单位资产的构成。1996年财政部颁布的《事业单位财务规则》对事业单位的资产表现形式进行了规定,事业单位的资产主要包括固定资产、流动资产、无形资产和对外投资等。它们的标准与行政单位资产的标准是一致的。从我国目前事业单位资产的构成来看,固定资产占的比重最大,而其他资产相对较小。

从行政隶属关系看,地方事业单位占全部事业单位资产的比重远高于中央事业单位。从行业分布来看,文化教育、卫生医院、科研单位国有资产所占事业单位资产的比重远高于其他行业[①]。

### 二、事业单位资产的特征

相较于行政机关非经营性资产,事业单位的资产性质更难区分。由于行政机关提供的是行政管理这一公共品,虽然也有部分行政性收费,但绝大部分行政管理活动是免费提供的,因此其资产的非经营性很容易得到认同,也比较难以利用这部分资产创收。但是,事业单位提供的是公益产品和准公益产品,政府部门允许其收取一部分费用以弥补成本,或利用一部分资产进行创收,这就导致实践中非经营性资产和经营性资产的界限逐渐模糊,非经营性特征被弱化。

在行政机关中,除了公安、消防等部门的资产比较特殊外,大部分政府行政机关资产相对比较简单,它们是为了行政部门工作人员能较好地发挥主观能动性、提供较好的行政服务而配置的。但是,事业单位涉及的领域相当广泛,其从事的公益型活动纷繁复杂,这就决定了事业单位资产特别是固定资产带有较强的专用色彩,如科研机构所需的科研仪器和设备、气象部门的气象测绘仪器、教育单位和医院的实验装备和器械设备等,它们具有贵重、精密、高技术等特征。

事业单位资产形成来源多样化。有的通过国家权力机关批准,以

---

①郭团团. 事业单位固定资产核算探究[J]. 财会学习,2020(ζ):1ζ3,1ζζ.

无偿调拨的方式形成;有的是由国家财政预算拨款的方式形成;有的是接受捐赠转让等形成;还有些是通过事业单位的创收活动积累而来。在这些方式中,通过预算拨款形成的增量资产是中华人民共和国成立以来事业单位资产的最主要来源渠道。虽然有人认为某些通过市场化积累形成的事业单位资产不是严格意义上的国有资产,但考虑到政府在这一过程中所给予的政策上的种种支持,对它们加以一定的监管也是值得研究的。

事业单位资产比较分散,单位和职工平均占用数额不大,有些大型的事业单位占有的国有资产数量巨大,如医院、高校、广电、新闻出版单位,少则几亿元,多则几十亿元。但是,也有些事业单位、社团法人几乎不占有任何资产,完全靠创收来维持自身的运转。这说明不同事业单位之间人均占用国有资产的差别是很大的。加之长期以来预算资金由主管部门分配,与事业单位履行职能并没有建立起有效的联系,更加剧了此种占用不均的情况。

事业单位国有资产总额和种类增加速度较快,固定资产的数量和种类增加情况与此相似,这主要是由政府财政拨款增加引起的。改革开放以来,政府为了提高事业单位的工作质量和服务效率,加大了对事业单位的财政支持力度,除少数单位外,大部分单位的办公用房、办公家具、职工宿舍条件有了极大地改善,某些单位还拥有了现代化的办公设备、精密仪器和交通工具等。虽然不排除有些单位依靠创收积累了资产,但大多数事业单位人员存在着"多占资产多得益"的思想,在各机构之间比收入、比福利的风气影响下,事业单位拨款居高不下,资产占用随意。此种国有资产增长的背后存在着隐患。

近年来,随着各地事业单位改革的展开,事业单位的资产也在不断地调整。有些改革步伐较快的地方已经将具有企业性质的事业单位改制成企业,资产的性质也相应发生了转变;或者将事业单位直属的企业和工厂剥离并实行独立核算。这一过程虽然有快有慢,但事业单位资产的进一步清理是大势所趋。

# 第二节　事业单位资产管理现状及问题分析

　　长期以来,政府对事业单位的监管比较宽松,造成事业单位资产管理的一些问题。近些年来伴随着政府行政机构的改革和政府职能的转化,政府的某些职能和人员被精简到事业单位,使得事业单位的资产管理又产生了新的问题。加之20世纪80年代事业单位改革带来的自主权利扩大,其经营行为一直没有得到有效的约束,对正常的经济秩序形成了越来越大的冲击,导致事业单位国有资产管理混乱的加剧,这不能不引起我们的重视。这些问题概括起来,大致可分为三类:一是事业单位非经营性资产监管存在的共性问题;二是事业单位转制过程引发的资产管理问题;三是公益型事业单位固有资产监管中存在的问题。

## 一、事业单位非经营性资产监管存在的共性问题

　　事业单位非经营性资产的性质被逐渐模糊,给事业单位的资产管理带来很大的困扰。由于我国的事业单位逐渐演变成成分复杂的一类组织,但在实际管理中我们却简单地将它们的资产视同为行政机关非经营性资产,并笼统地称之为行政事业性资产,并试图以相同的方式来加以监管,这种以偏概全的粗放式管理思路显然不能够深入到问题的本质中,从而使前些年的事业单位资产管理活动无法有效地展开。当然,近年来随着对事业单位分类改革思路的逐渐被认同,这一问题有所好转。

　　事业单位资产管理体制不清晰、监管机构不明确,严重影响到事业单位资产管理活动的正常进行。虽然中华人民共和国成立后我国行政事业单位资产管理体制经历了几次管理权限下放、上收的调整,但总体上来看没有太大的变化,基本上遵循了"国家所有、各级政府分

级管理、单位占有和使用"的原则,但各级政府分级管理的部门一直并不明确。

大致说来,事业单位资产管理体制经历了四个阶段。

第一阶段是中华人民共和国成立后至20世纪50年代末,与集中的计划体制相适应,我国建立起集中统一的事业单位资产管理体制,其特点是"国家所有、分级管理和统一计划管理"。

第二阶段是20世纪50年代末至20世纪70年代末,对计划经济体制下的事业单位资产进行了管理权限下放、上收的几次调整,但改变有限。

第三阶段是20世纪70年代末至2004年,对事业单位资产管理体制进行了较大改革。1979年财政部颁发了《关于文教科学卫生事业单位、行政机关"预算包干"试行办法》,将事业单位划分成全额拨款预算单位、差额预算拨款单位和自收自支单位,并规定:①凡是在预算管理上实行全额管理的单位,由国家核定预算、年终结余收回的办法,改为"预算包干,结余留用"。②实行差额预算管理的单位,实行"定收入、定支出、定补助、结余留用"的办法。③各部门、各单位的预算由各级财政和上级主管部门核定。1988年政府明确了管理机构,由财政部国有资产管理局归口行使事业单位国有资产所有权职能。1998年中央政府行政机构改革,撤销了国有资产管理局,相关职能并入财政部,使得地方事业单位的国有资产管理体制也发生了极大的改变。有些地方国有资产管理部门对同级的事业单位国有资产进行宏观管理,有些地方则由财政部门负责事业单位国有资产的管理之职,形成了"国资管理模式"和"财政管理模式"。

第四阶段是2004年9月至今,其标志是财政部分别在行政政法司和科教文司下设立了行政资产处和事业资产处,试图将分散在各行业主管部门的事业单位资产管理权加以集中,以便切实地履行以前一直被忽略的事业单位资产宏观管理之职。这相比事业单位资产管理的无序状态而言是一个很大的进步,但由于财政部的这两个职能处成立不久,如何科学地划分和界定财政部门的宏观管理与主管部门的综合管理之职,如何在资产管理部门、资产使用部门之间进行管理权限的分配等,都值得进一步研究和改进。

管理体制不完善带来了事业单位资产监管制度不健全的问题,虽有各种管理办法的出台,但相关制度的衔接性较差,政出多门,导致管理制度都没有被很好地执行。

除财政部和中央编办最新发布的文件外,这些管理制度有的规定过于笼统,并没有细化;有的规定已落后于发展了的实践,没有得到及时的修改;有的虽然至今看来仍是可行的,但因推出时配套制度不完善导致现实中无法执行,流于形式。最主要的是,已有管理制度只是从静态管理的角度来考虑问题,而没有从动态管理的角度来思考,即没有抓住从资产配置使用到处置整个过程的管理活动,这就使资产管理出现较大的漏洞,而且管理权限的不恰当分割使管理制度的执行非常困难。

具体来看,监管制度的缺失表现在以下几个方面。

第一,现有的管理制度很少涉及事业单位资产配置环节。因为我国对事业单位预算管理的不严格,事业单位有多个渠道资金来购建资产,如行政经费、基本建设资金、事业费、外事费等,这就使我们从源头上控制事业单位的资产配置变得困难重重。资产配置管理办法的缺乏必然使各事业单位资产配置极其随意,这反过来助长了事业单位对资产占有的攀比之风,弱化了资产管理的效力。

第二,事业单位资产产权管理没有落实,产权登记混乱,这在房地产上表现得尤为明显。由于各部门之间职责划分不规范,资产的实际占用权通常控制在使用部门手中,使用单位要么长期不办理房地产产权证,要么产权登记混乱,致使产权纠纷时有发生;有的事业单位对部分无偿拨入或自行购建的房地产长期不入账,形成资产权证外资产;也有的事业单位对在转制过程中发生的土地使用权性质的变化不予承认,试图攫取资产升值的收益。

第三,由于对资产使用没有建立起权责利相统一的监管机制,缺乏自我约束意识,资产浪费严重。由于在资产配置环节的失当,很多部门在配置时就追求资产的"大而全"功能、"高精尖"技术,而一旦投入使用,则大部分功能会因各种原因而得不到发挥,造成资产的潜在损失。另一方面,为了购买这些"时髦"资产,有些事业单位不待原先尚能使用的资产各尽其能,便申请提前报废,全然不顾财政预算资金的紧张状况。另外,大部分单位对资产使用中的维护极不重视,通常对资产进行超常规或破坏性地使用,加速了资产的损耗。为了攀比和追赶时髦,有些单位宁愿花大价钱去购买新资产,也不愿花较少的钱来对资产设备进行有效的维护保养,以延长其寿命。在缺乏相应管理机制的情况下,此种动机不难理解。

第四,资产处置随意,使得资产管理的这最后一道防线形同虚设。虽然各部门颁发的国有资产管理办法都涉及资产处置环节,但大多只对资产处置程度作了原则性的规定,而没有对资产处置的标准等作详细的规定,如某项设备的正常使用年限是多少?每年应计提的折旧是多少?达到什么样的状况才能申请报废?这些问题还没有一个部门进行较为深入的研究,因此同样的设备在不同的使用单位,报废的标准宽严不一。同样,由于资产的内部人控制问题,使用单位将非经营性资产视作为工作人员福利的来源,因此即使资产在本单位闲置了,也不愿调剂给其他单位使用。

第五,事业单位利用资产取得的收益通常并不入账,形成小金库,扰乱了正常的经济秩序。事业单位的收益有的是利用资产对外投资取得的,有的是私自低价转让国有资产获得的,有的是依靠政府垄断的专营地位获得的,但由于目前会计核算制度不健全,资产收益专户制度不健全,造成这部分新生国有资产长期滞留在账外,并逐渐转化为职工个人福利。

资产监管的理念和方法落后,已严重损害了事业单位资产管理的效率,在管理目标、管理手段和管理考核方式等方面产生了偏差。如在管理目标上,有的时候仍以"保值增值"来要求资产管理部门,这里的"值"就是资产的会计账面价值。此种导向造成事业单位不区分自身提供的服务性质,片面追求收入,其结果是大量承担社会公益职能的机构行为全面趋利化。虽然事业单位的资产可能增值了,但公众的利益受到了极大损害,这与行政性垄断企业带来的整体经济效率损失是相似的,是不足取的。

从监管方法来看,我们针对资产的实物管理出台了较多的办法,但对于资产的价值管理则较为薄弱。对于事业单位的资产,普遍的看法是只要有资产价值的账面记录就可以了,而根本不需计提资产的折旧、不需对资产价值进行重估,这就可能使资产的账面价值长期不符合其市场价值,对统计事业单位资产、核算事业单位提供服务的成本、调剂事业单位之间资产等工作的展开带来了较大的困难。在会计核算上,我们对大部分事业单位采用的收付实现制方法已不能满足业务复杂的事业单位的需要,会计科目简单,费用管理混乱,会计信息过于简化。此外,资产管理的信息化程度还较低。

从资产管理的考核方式来看,虽然我们已逐渐认识到原先只注重投入、不重视产出的思想是错误的,资产考核应集中到对资产使用的绩效评价上来。但是,由于长期以来对此问题的忽视,我们至今对某个事业单位的绩效目标、资产使用效果的绩效内容等缺乏了解和研究,国外也没有相关经验可供借鉴,要在较短的时间内设计出科学合理的资产绩效考核评价体系又谈何容易。

事业单位资产监管中的另一突出问题是有相当多的事业单位既获得政府的财政拨款,又无偿或低价获得事业单位资产参与市场竞争,一方面充分享受政府有关部门的保护;另一方面又最大限度地游离于政府监管之外,冲击了正常的经济秩序①。

## 二、事业单位转制过程引发的资产管理问题

在事业单位分类改革思路下,我国某些省市,如浙江、江苏、上海等,已对一些性质已明显发生改变、应归入到企业行列中的事业单位进行了改制,在改制过程中发现资产管理中存在的一些普遍问题,值得我们关注。

事业单位资产管理的基础性工作薄弱,如产权登记和界定、清产核资、资产的统计评价等,这对后续的资产转制带来了较大的困难。对于全额拨款和差额拨款的事业单位,确定国有资产和创收资产的比例是一个较为困难的事情。有些地方为了加快事业单位的转制,在一些基础性资产管理工作没有很好开展的情况下,就匆匆地划分了两者的比例;或对国有资产评估较低,从而轻易地放弃了国有资产的收益。

在对一些从事企业经营行为的科研院所、建筑设计院甚至是一些医院改制时,我们通常采取了一种国有资本退出的方式,让它们从国有事业单位转变为民营或私有的企业。这就涉及国有资本在竞争性领域的退出问题。从理论上来讲,退出的方式有多种,如协议转让方式、原单位管理层和职工买断方式、整体拍卖方式等,在选择退出方式时,应尽可能本着规则公平的原则。但从实践来看,大多数事业单位采用的原单位管理层或职工买断方式、协议转让方式并没有很好地遵循这一原则,国有资产被低估等导致的国有资产流失现象时有发生。虽然从程度上来看要比国有资本从企业中退出来得轻,但其危害不可小觑。

## 三、公益型事业单位资产监管中存在的问题

### (一)公益型事业单位资产管理的目标

不区分公益型事业单位资产的不同类别,全部要求其会计账面价值的保值增值或资产的安全完整是不符合经济规律和公益要求的,应

---

① 姚玲. 事业单位固定资产的内部控制与管理[J]. 财经界,2020(3):2C-27.

该从保值增值大循环的角度对其进行要求,那么具体而言,怎样在日常的资产管理中体现保值增值的大循环? 例如:医院、学校、科研机构、勘察设计院、环境保护机构等。我们既然不能以这些单位产生的货币化收入作为它们资产管理所要达到的目标,那么就应该根据不同事业单位所提供的不同服务的特点,制定不同的中介目标。与竞争性领域中国有资产追求利润的单一目标不同的是,事业单位的公益型目标通常是多元化的,甚至有时会产生不同中介目标之间的矛盾,这对构建公益型资产管理的中介目标构成了较大的挑战。迄今为止,我们仍没有对不同公益资产进行细分,并在此基础上设计中介目标。这就使公益型资产的运行经常出现各种各样的问题,甚至完全偏离了公益性方向。

**（二）有效利用外部资本**

目前我国从事公益性活动的组织主要是国有事业单位,但完全依靠政府的力量来举办公益型活动显然已越来越难以满足公众日益高涨的公益需求,在此情况下,我们需要引入社会资本和民间力量,民办非企业单位是我们在此方面的尝试之一。从目前的情况来看,一方面,公益型事业单位资产急需民间资本的注入以壮大力量;另一方面,由于管理制度的不完善,民间资金的进入渠道较为单一和狭窄,从而限制了两种资本的有机结合。因此,在公益型事业单位资产管理中我们需要加以研究的是如何改革现有的较为固化的事业单位资产管理制度,如财务会计制度、预算制度、信息披露制度、收益分配制度等,使公益型事业单位资产运行更为规范和透明。引入社会资本后如何监管,防止民间资本的道德风险,如侵吞国有资产、降低公益水准等,以使引入外部资本后的公益型资产能更好地承担其公益性职责。国有事业单位和民办非企业单位、非营业组织等应该建立起怎样的一种关系? 在未来公益型事业单位资产的监管上,政府是否可借鉴西方的经验,采取一种更为灵活和超脱的态度?

## （三）在公益型事业单位中构建有效的自我约束机制和激励兼容机制

我国目前的公益型单位在约束机制和激励机制的构建上模仿和照搬竞争性领域中的企业模式,突出机构和个人的收益目标而忽略甚至完全背离社会公益目标,这使得公益型单位名不符实,引起公众的极大不满。为此需要纠正这一不合理的行为倾向,重塑约束机制和激励机制。在这一过程中,需要划分公益型组织和准公益型组织的分界,为组织制定明确的发展战略规划、规范公益型组织经营性活动的内容和方式、限制经营性收入的使用和分配方法等。但是,由于我国处于转型的经济发展期,想让大部分人自动地放弃私利而以社会公益目标为重是比较困难的,因而需要政府力量的强制性介入,为公益型事业单位设计约束机制和激励机制,并强制地推行。目前我们在这方面的监管还是相当薄弱的。造成这一状况的原因是多方面的:一是公益型事业单位资产管理的理论研究,特别是有关事业单位约束机制和激励机制的理论研究不足;二是政府部门对此的重视程度还很不够,把精力主要置于盈利性国有企业资产管理之上;三是缺乏现成的经验以供借鉴和推广。但是,这些困难的存在并不意味着构建公益型事业单位约束和激励机制就可以忽略不计或议而不决,恰恰相反,约束和激励机制的完善与否决定着公益型事业单位的改革成败。

## （四）政府对公益型事业单位资产缺乏恰当的绩效考核评价体系

由于对公益型资产的目标、约束和激励机制等方面认识的模糊,我国政府目前几乎不对公益型事业单位资产进行绩效评价。由于缺乏相应的评价手段,我们只知道每年投入到公益型事业单位中的财政拨款额大致是多少,至于这些资产产生了什么样的作用,有没有较好地满足社会公众的需求,公众还不满意的原因在哪里,应该如何来改进等知之甚少。这种只问投入不重产出的粗放式管理理念显然不利于公益型资产管理制度和方式的改进,无助于解决有限财政资金和不断高涨的公益型需求的矛盾。由于绩效管理兴起的时间还不长,对于具有中国特色的公益型事业单位资产的绩效评价方法也还处于研究的起步阶段,加之公益型事业单位类型各异,想在短时期内就建立起完善的资产绩效评价体系也是不现实的,它需要一个分步建立和逐步完善的过程。这一过程需要政府部门、独立的第三方机构和理论界的共同努力。

### 四、事业单位资产监管改革方向

加强事业单位资产的监管已越来越成为各方的共识,这既是资产管理的内在要求,也是对深化我国行政体制改革、建立公共财政框架的有效呼应和有力推动,可以说意义重大。为此,我们必须树立事业单位资产监管的正确理念,把握好改革的方向,在客观利益格局的制约下因势利导,从而使事业单位的资产管理改革事半功倍。

#### (一)事业单位资产的监管原则

事业单位资产管理同样要遵循资产管理原则,即全过程管理原则、实物管理和价值管理各有侧重的原则、绩效管理原则、信息化管理原则、加强法律手段的原则、大额资产的集中化管理原则。这些原则对我们理清事业单位资产管理的思路、树立正确的指导观念是非常重要的。根据事业单位资产的自身特点,从其特殊性出发,我们还要强调以下原则。

1.分类改革的原则

目前,我们已将事业单位按其服务性质的不同划分成行政执法类事业单位、生产经营型事业单位、公益型事业单位三大类,这一改革思路无疑是正确的。不同类型的事业单位资产管理面临的问题有所不同,在此分类改革思路下,我们可以针对不同问题研究并制定不同的监管对策。

在这里我们想要强调的是,分类改革的原则要一直贯彻下去,即仅仅局限于将事业单位资产划分成这样三大类还是很不够的。事实上,就公益型事业单位而言,它包含着许多提供不同性质服务的组织,这些服务各有特色,这就意味着它们的资产管理面临着各自的一些特殊问题,需要仔细区别,认真对待,并找到不同的解决方案。不研究具体情况、不作具体分析,想要找到一套简单实用而又放之四海而皆准的公益型事业单位资产管理方法无疑是不可能的。当然,这并不是说我们就不需要研究作为整体的公益型事业单位的管理目标、管理体制、管理制度了,恰恰相反,我们需要加强这些方面的研究,并在此基础上对公益型资产进一步分类,并细化其监管对策。

2.分步实施、突出重点的原则

事业单位的分类改革不可能一蹴而就,而是需要分步实施。在生产经营型事业单位转制基本成功后,我们应着手对公益型事业单位资产管理体制和制度进行改革。正如我们一再指出的那样,公益型事业单位种类繁多,要想全面地推进改革是不现实的,我们应首先抓好一些主要的公益型事业单位,如医院、学校、科研机构等,针对这些占据公益型事业单位主体的组织研究资产管理对策。只有抓住重点行业实施有效的资产管理,才能各个击破,从而带动整个公益型事业单位的资产管理活动。

3.统一归口管理的原则

目前我国事业单位资产管理的职责分散在各政府部门,尤以各行业主管部门的管理权限较大。如同国有营利性企业原先所面临的情况那样,由于没有一个统一的"出资人"行使资产所有者的权利,造成管人、管事、管资产相脱节,国有企业改革一直没能摆脱资产所有者空置的情况,直到中央成立国有资产监督管理委员会。因此,建立统一的事业单位国有资产管理部门并明确其出资人的地位,就可以比较有效地改变资产所有者缺位的问题,从而实施一系列改革。比如,整合分散在各政府职能部门的职责权限,对各事业单位实行刚性预算管理,协调资产配置、资产使用、资产处置的全过程的管理活动。

### 4.逐步引入社会资本的原则

作为介于市场和政府中间的一种组织,事业单位以提供公益性和准公益性服务为主。我们在以前较多地采取由政府直接举办事业,由政府出资的方式,但随着经济的发展,人们对公益服务的需求越来越多,完全都由政府财政拨款显然是不现实的。考虑到准公共品的特点,一些西方发达国家多利用民间非营利组织的方式来解决这一问题,我国一些领域的事业单位改革也提出了建设非营利机构的构想,如科技部在2000年出台了《关于非营利性科研机构管理的若干意见(试行)》。且不论这一模式是否切实可行,这种引入社会资本充实公益型行业的思路是值得肯定的。通过逐步引入社会资本、整合民间资源,可以提高事业单位资产管理效率,更好地满足社会公众的需求;同时释放民间资本的活力,这对提高整体经济效率是十分有益的。

### (二)事业单位体制改革需要注意的几个问题

事业单位资产管理改革是事业单位改革的重要组成部分。事业单位体制改革的方向、运行机制、组织方式的选择和改革绩效等对事业单位资产管理的路径选择影响深远。应该说事业单位体制的一系列改革直接决定了事业单位资产的性质、管理体制和资产管理的方式。因此,关注并研究事业单位体制改革是管理好事业单位资产的基础。

### 1.明确政府和市场的分界,合理地界定事业单位职责

社会公众所需要的公益性产品和服务,可以说都是公共品或准公共品(产品性质偏向公共产品那一级的混合产品)。这些公共品和准公共品,有的是市场无法提供的,如导航设施、基础科学研究、灾害救助、清理城市下水道、航行救援、公共卫生防疫、环境保护、良好的社会风气等;有的是市场提供不足或提供不好的,如基础教育、基础设施和公共工程、重要技术的研究等。从理论上来说,这样的一些公共品和准公共品应主要由政府负责提供。

从公共品理论上来说,义务制教育属全国性的公共品,应由中央政府来提供。但是,我国多年来一直由基层的地方政府承担了财政支出责任,中央政府的转移支付很少,这使中西部贫困地区儿童的义务教育的权利受到了较大的损害。好在我们已意识到这一问题,并重新划分了支出责任,中央政府将通过转移支付等手段全面地承担起这一职责。

2.按公益性强弱来决定公益事业的组织方式

公益型事业是否全部都要由政府来承担并组织?虽然社会公益事业是市场无法提供的,需要由政府提供,但我们也并不排斥由其他的制度组织来承担一定的职责,如西方的非营利组织是对政府职能的补充。另外,政府承担某项公益性职能并不意味着必须由政府直接组织,事实上,政府通过间接组织的方式来完成这一任务同样也是可行的。

我们可以将社会公益事业分解为几个不同的方面来完成,即规划提供(指的是该项服务所需经费由谁负责)、生产(即我们所说的采取何种方式组织实施,如政府直接组织或政府间接组织等)。我们所说的直接组织方式或"政府生产"方式,指的是由政府行政审批设立国有性质的组织,它依附于某一个政府行政部门,组织资金来源主要是政府财政拨款,于是该组织的业务活动内容、人员配置和管理都服从于政府部门的直接管理。这些事业单位的工作人员有的是事业单位编制的公务员,甚至具有行政级别。当然,近些年来事业单位改革的探索扩大了事业单位的自主权,政府的行政干预减少了,但基本模式没有太大变化。间接组织方式是非"政府生产"方式,它的通常做法是交由市场、政府之外的第三方面组织——在西方国家是非营利性组织来做,政府给予一定的资金扶持,并通过税收、法规等引导该组织朝着社会公益目标运行,政府的日常行政干预很少。这样,社会公益事业便可采取不同的组合方式被提供和生产出来。当然,对社会公益事业的规划一般都是由政府部门来进行的。那么,什么样的事情必须由政府提供经费并采取直接组织的方式? 什么样的事情由政府提供而可以采取间接组织的方式呢? 这就需要我们根据产品和服务的公益性的强弱来进行划分。一般认为,公益性很强的产品和服务应该采取政府直接组织的方式,而公益性相对较弱的产品和服务可以采取政府间接组织的方式。

# 第三节　事业单位资产管理的具体对策建议

### 一、资产分类管理的前提:清产核资和产权登记

在对事业单位资产进行分类改革和管理以前,我们必须做好清产核资、产权登记等一些基础性的工作,从而为分类管理打下坚实的基础。

为了有效地推进事业单位资产管理,就应该摸清家底,理清产权关系,并进行产权登记工作。所谓清产核资,就是按照一定的规则和程序,对预算单位某一时点的各类财产和债权债务进行清理,核实人员状况、收入渠道、支出结构和水平等基本情况,并按国家规定对清查出的问题进行必要的账务处理,重新核实预算单位占用国有资产的情况。这里的预算单位,是指由机构编制主管部门核定事业编制、具有财政经常性经费关系的事业单位,或是列入国家事业编制、具有财政经费关系的社会团体。而对已经明确实行企业化管理的具有财政经常性经费关系的事业单位以及事业单位投资举办的各类经济实体,可暂时只对投入、收益上缴和资产状况等进行清查登记。

清产核资工作的主要内容包括:基本情况清理、资产清查、经费、收支状况清理和财产核实等。

基本情况清理是指各主管部门和事业单位应当依据国家人事、编

制等部门批准成立的文件清理预算单位户数、人员、编制等。在对户数进行清理时,把应纳入范围的清产核资基本单位按隶属关系、单位性质汇总上报。人员与编制的清理指对预算单位定编人数、实际在编人员、离退休人员、临时人员等的清理,分清在职状况(在职、离休、退休、带薪学习、等待分配、长休、内退、提前离岗等)、职务、级别等情况。在对清理编制和人员进行登记后,各单位要与本单位人事部和编制管理部门核定单位的批文相核对,以保证编制和人员清理结果的真实、准确。学校的人员清理还要包括在校学生,如博士生、硕士生、本科生、专科生及成教生人数。

资产的清查主要是对事业单位的固定资产、流动资产、无形资产、对外投资及负债等进行清查。

在对固定资产清查时,要注意:第一,在清查中发现某处房产未办理房屋产权证的,应按国家划拨使用的有关文件或证明先行登记,在资产清查工作结束后,再按国家的有关政策办理产权登记。第二,由事业单位自行购建的房屋建筑物等,按实际购建价格进行登记。其他固定资产,如一般设备、专用设备等,也是如此。此外,为了加强对这类资产的价值管理,我们还需对账面价值与实际价值背离程度较大的固定资产进行价值重估,并将重估价值登记入账,以真实地反映资产的现有价值。第三,对文物和陈列品等特殊形态的固定资产,原则上可以只登记品种、等级和数量,如果能够估价,则按估价入账。第四,对于捐赠的资产,有价格的按照其账面价值入账;如果没有原始购买价的,可以按市场价格入账;实在无法确定其价值量的,则先按实物量进行登记,列出清单备案,加强管理。第五,对出租的固定资产,由出租方与承租方核对后,登记入账;如果未按规定手续办理,未经批准租出去的资产,需补办手续或收回。第六,对图书的清查以图书的标价为依据进行价值登记,没有标价的,先只清查实物量。第七,对一些特殊的或需保密的财产,由本单位组织清查登记,且只对价值量汇总上报。第八,对清查出的各项盘盈盘亏固定资产,应尽可能查明原因,由个人工作失误等引起的,还须根据错误的性质追究责任,作出处罚。第九,对清查出的未使用,不需用的固定资产,还须查明购建日期、技术性能和功效、使用时间等,并提出处置意见,如调拨、出售或报废等。

流动资产的清查主要是对现金、各种存款、应收预收款项、存款等进行清查。在对流动资产进行清查时,要注意:①要清查现金和各种存款的账面余额与库存现金、金融机构中的账面余额是否相符。②对各项有争议的应收款、预付款、暂付款等,应认真清理、核实,明确债权债务关系,按国家现行财务会计制度进行处理。③对材料、低值易耗品、产成品、委托加工物资等存货,要进行清仓查库,全面清查盘点。

无形资产清查的范围主要包括各项专利权、非专利技术、著作权、商标权、商誉、土地使用权等,尤其是土地使用权,绝大多数事业单位对国家无偿划拨的土地没有进行价值的统计,这是不正确的,应该对其进行市场价值的重估并登记入账。

经费和收支状况清理主要是指结合事业单位经费的来源状况,清理和核实各类经费的拨付渠道数额、用途等。为了真实反映单位的实际收入状况,对没有入账或账外的收入都应清理入账。支出的清查主要是检查支出的使用是否符合现行财务会计制度的规定,有无虚列支出的情况等。

资产核实是指在对资产和债权债务、收入和支出情况进行详细核对的基础上,对各项盘盈的资产、资产损失和资金挂账情况等核实清理,按财政部的有关规定作出相应的账务调整和处理,以反映事业单位占用资产的价值总额和净资产的真实状况等。在这一工作中需要注意:①对于因产权关系改变而增加或减少的资产,先要按相应的规定入账,然后要向财政部门(或其他清产核资机构,如国资委等)提交资金核实申报报告,经批准后再进行账务调整。②对于产权关系不清的资产,较好的办法是双方协商解决,如果达不成一致意见的,可先在

"待界定资产"科目中登记入账,留待国家相关政策明朗后再办理。

在上述清产核资的基础上,对清产核资中暴露出来的产权界定不清、产权登记不明的情况进行改进。事业单位是市场经济的重要组成部分,产权明晰可以使资产的责、权、利相结合,这既是事业单位体制改革的重要前提,也是提高事业单位资产使用效率、维护资产权益的要求。在对事业单位资产进行产权界定和登记时,我们应遵循以下一些原则。

第一,分级分工管理的原则。虽然事业单位的资产归全民所有,但为了更好地落实所有权,我们必须由中央和地方政府分级分工管理资产,这符合"国家统一所有、各级政府分级监管、单位占有和使用"的事业单位资产管理体制。

第二,谁投资,谁所有,谁受益的原则。通过投资形成的资产,所有权自然应该归投资主体。国家作为资产的原始投入者,投资形成的资产在界定产权过程中就要追溯资产的投资来源,坚持投资者拥有产权,并获得资产的收益。在这一原则下界定产权时,如果根据有关会计凭证,是国家投入事业单位形成的资产,就应按原始投资主体界定法界定为国有资产;国家拨款形成资产带来增值的资产,应界定为国有资产;接受捐赠的资产,也应界定为国有资产。

第三,维护所有者权益的原则。资产所有者权益指所有者对其资产有独占和垄断的财产权利。为了维护规则公平的市场竞争环境,在产权界定过程中就要维护资产所有者和经营者的合法权益。

第四,重视资产的动态运行中产权关系界定的原则。事业单位资产运行过程中的产权关系是指资产所有者和事业单位运行者之间的关系,两者关系界定是否清晰直接关系到该组织的运行效率。事业单位如能建立良好的治理结构,形成约束和激励兼容机制,保护好国有和非国有的所有者的控制权收益权、内部人的占有使用权,那么其运行将是高效的。

第五,大额资产产权集中登记的原则。在事业单位资产分散管理的情况下,各单位资产产权分别登记在不同的部门,造成产权关系混乱,资产占用不均且很难在不同单位之间调剂。改变这种状况的措施之一就是将公益型事业单位大额资产的产权统一集中登记在同级事业单位国有资产管理部门,各单位只有使用权。这样就利于资产管理部门对大额资产的集中管理,防止使用单位随意处置[①]。

## 二、构建事业单位资产管理体制

在财政部设立非经营资产管理部门,这一管理部门下分别设立行政机关资产管理处、事业单位资产管理处、公共基础设施资产管理处等,作为非经营性国有资产管理的第二个层次。

事业单位资产管理处最多可能几十人,设于地方财政部门的相应机构人员更少,而中央和地方的事业单位户数众多,这么少的人管如此众多的事业单位资产,能胜任吗?这样的疑虑有一定道理。为此,我们可以在体制上进行创新,如在政府行政机构之外再设立专业化的事业单位资产管理部门,它不列入政府行政序列,而由财政部授权其进行事业性资产的监管。建立类似于北京海淀区公共服务委员会的机构,来履行出资人职责管理下属的事业单位资产,这是一个较好的选择。这样,事业单位资产管理处就可以将事业性资产管理的具体事务交给服务委员会来完成,如事业单位资产的清产核资、产权登记、大额资产的集中管理和调剂、本级事业性资产的购置和日常管理等。该服务委员会与行政序列中事业性资产管理处职责的最大区别在于后者类似于决策机构,如资产配置标准的确定、管理规则和法律的制定、各项资产管理的审批等,而前者则相当于执行机构。

机构的人员采取市场化招聘的方式,需要有相关知识背景的人才,如具有财务管理知识、资产管理和评估的知识等。机构的领导可

---

① 刘迎利. 透过资产报表谈行政事业单位的资产管理[J]. 财会学习,2020(3):184,186.

以由行政部门任命。这一机构还分担了目前行业主管部门和使用单位的某些资产管理之职。例如,资产的具体配置需要和行业主管部门或使用单位协商,资产的构建可以由公共服务委员会组织招标,资产的调剂由公共服务委员会来承担。

行业主管部门是事业性资产管理的第三个层次,它们的资产管理职责是制定法律实施细则,负责本系统事业性资产的清产核资、统计汇总、日常监督等工作。还要配合资产管理部门制定资产的配置标准、大额资产的管理制度等。

事业单位非经营性资产的占有使用单位也属管理的第三个层次,主要行使日常管理之职。这些不同管理部门之间管理权限的划分还有待进一步深入研究,以期更为科学、合理。

**三、事业单位转制过程中非经营性资产转经营性资产的管理**

在我国行政机关和事业单位非经营性资产管理制度不健全的情况下,一方面有些全额预算单位资产配置过多,另一方面它下属的事业单位财政拨款有限,资金不足,于是有的部门有很强的动机将部分非经营性资产转作自己或下属单位的经营性资产,以弥补行政事业经费的不足,并提供给职员作福利。这主要表现为事业单位将非经营性资产对外出租、出借,兴办经济实体或附属营业单位,用非经营性资产进行对外投资、入股、合资、联营等。由于政府有关部门对"非转经"现象没有引起足够的重视,导致事业单位经营性资产的急剧扩大。

严格规范"非转经"行为,完善"非转经"的申报审批制度。具体来看,首先,要对"非转经"资产建立严格的申报审批制度。事业单位确定要将闲置资产转作经营性用途的,要说明资产的来源,填写申报表,并保证其提供正常事业发展任务的资产不被挤占和挪用。经有关部门批准同意后,将申报表交给事业单位资产管理处审批。资产管理部门在依据国家有关规定审核后,应界定资产产权、进行产权登记,要求资产评估机构评估有形资产和无形资产。资产管理部门对"非转经"

资产要进行严格的论证。其次,要建立"非转经"资产的有偿使用制度。以往的"非转经"资产收益通常由资产占用单位独占,并转化为职工个人福利,作为资产所有者的政府却得不到任何收益,这是非常错误的。在过渡时期,为了使资产管理权能平稳过渡,我们应设立"非转经"资产占用费,将资产收益的一部分按一定比例上交给国家,以体现国家对事业单位资产的终极所有权。最后,对"非转经"资产实行专项管理和监督制度。

对"非转经"资产,应严格按照经营性资产的管理办法来对其进行登记考核和监督。例如:建立"非转经"资产的台账,登记事业单位名称与资产的数量、价值、投资形式等。按照经营性资产的保值增值目标,设计管理者的考核制度,以强化个人责任,提高资产的运营效益。对经营性资产加强财务监管,调整相应的财务制度,将所有的收入和支出都纳入账内,不允许另外私立账户。事业单位资产管理处还应该对"非转经"资产进行定期检查和跟踪管理,监督各单位的资产增减变动情况和收入支出情况。

当过渡时期逐渐结束,资产管理制度基本建立后,对于存在大量"非转经"现象的事业单位,我们应该甄别其提供的产品和服务性质,确定其提供的是私人品或偏向于私人品性质的混合产品的,应将其改制为企业性质,并寻求国有资本的逐渐退出。在国有资产转制和退出的过渡阶段,我们在清产核资、产权界定的基础上可采取委托监管的方式,如由财政部门事业单位资产管理处委托事业单位主管部门或成立社会事业产业集团管理本系统内的经营性国有资产。

对于提供公益性很强或带有混合产品性质服务的事业单位,虽然它们存在着大量的经营性资产,但我们不能将该事业单位转制的,就需要剥离这部分经营性资产,把它交给财政部门事业单位资产管理处统一经营,例如:医院投资开办的医药商店,这就需要财政预算改革的配套推进。这种"非转经"现象的存在,一方面说明政府部门对公益型事业单位的经费保障不够,促使这些事业单位将资产出租、出借或对外投资,以获取收入抵补支出的不足;另一方面说明事业单位资产的配置结构可能不合理,而且因为管理主体的缺失,导致资产不能动态地调整,影响到事业单位提供的公益服务质量。这种状况不利于资产管理效率的提高,强化了公益型事业单位的追求高收益忽视服务质量的倾向,因而是必须加以改变的。这部分资产剥离后由事业单位资产管理处委托给公共服务委员会或类似的机构统一经营,收益上缴国家财政,而政府则加大对这些单位的财政拨款。只有这样,才能真正做到"收支两条线"。考虑到有些事业单位基本支出都有一定的困难,日常运转对经营性资产依赖较大的情况,我们在过渡时期应维持现有的利益分配格局。也就是说,将事业单位经营性资产的收益纳入财政预算收入科目,这可以仿效某些行政事业费收费纳入"应缴财政预算收入"的方式,然后在预算安排上以事业经费支出或补充支出的形式全额或部分返还给事业单位。为了保持事业单位人员的稳定性及所提供的公益服务质量,在初期应尽量全额返还事业单位经营收益,随着改革的推进,事业单位应逐渐推行绩效预算,即它所配置的资产应与其提供的服务水平相匹配,从而做到资产配置的公平性。

将事业单位的经营性资产集中统一地经营,可以有效地克服长期以来这类资产经营中出现的资产运营低下、补偿严重不足的问题;控制非转经资产的规模,均衡各单位的收益和职工福利水平;同时防止"非转经"过程中资产的流失、防止腐败的滋生。

对于一些公益型事业单位中存在的少量经营类资产,则不必剥离并按经营性资产来管理。因为存在于公益型事业单位中的资产,其实是很难区分其是经营性还是非经营性的,任何资产都有性质转化的可能和途径。我们不能认为公益型事业单位存在着收费以弥补成本的现象,就简单地认定该事业单位占有和使用的资产就是经营性的。正如我们反复指出的那样,必须撇开资产能带来收益的客观属性,我们是通过对事业单位性质的主观认定来明确其资产性质的。也就是说,如果某一事业单位提供的是公益事业的话,那么其资产就应该是非经营性的,但这并不排斥它的某些资产运营可以向消费者收费。所以,问题的关键在于我们必须以公益性为目标,对事业单位资产的运营收费建立起严格的制度,使其收费是符合公共定价制度的,防止这些资产沦为事业单位追求高收益的来源。

至于事业单位转制过程中出现的问题,主要是国有资产退出不透明、不公平,这与国有盈利性企业面临的问题是相似的。为此,我们也需要研究事业单位国有资产退出的方式和途径等,以尽可能使国有资产收益最大化。

国有资产转移给私人部门的模式,从其对象上来看主要有转让给公众、转让给私人企业、转让给外资企业、转让给经营管理层、转让给原单位职工或采用混合转让模式。国有事业单位的资产从其出售方式来看主要有以下几种:①个别私有化,即政府部门通过与选定的购买者一对一谈判的方式协议整体转让资产。②公开拍卖,即政府将拟出售的事业单位资产信息在报纸、杂志等媒体上公开披露,然后在约定的时间和场所,通过竞争者竞价,价高者获胜的拍卖方式,一次性地将资产出售给私人部门。③事业单位内部民营化,即事业单位国有资产只是针对单位管理层和员工出售,价格较低,其他公众则没有机会购买。④破产清理法,对于严重资不抵债的事业单位,政府宣布对其破产清理,将剩余的一些实物资产通过无底价拍卖等方式变现,获得一定的收入,或捐赠、调剂给其他事业单位。

以上方式是我们在事业单位转制国有资本退出的过程都可以考虑的,它们都各有优缺点。当然,我们都希望转制的途径尽可能是公平而有效率的,为此要考虑下面的一些因素。

第一,指定比较权威的资产评估机构对事业单位资产进行评估。目前我国事业单位资产转制较为普遍的一个做法是将事业单位资产出售给原管理层,这类似于国有企业的MBO方式。在资产终极委托者缺位的情况下,资产定价是在单位管理层和政府部门之间达成的,由于某些地方政府部门并没有尽心地充当代理人的角色,致使资产未经评估就转让,转让价格过低。因此,由独立的第三方机构对国有资产价值进行评估,确定转让的最低价,虽然不能完全解决问题,但对抑制低价转让还是有相当作用的。

事业单位资产转让应在一个竞争性的框架中进行。事业单位资本的退出应该是在竞争性环境中展开的,管理层购买本单位的资产,并不排斥其他潜在的买家可以购买资产以实现对组织的控制。但是,在我国目前情况下竞争机制很不充分。事业单位原管理层通常有着内部人控制的优势,他们更了解政府部门对该事业单位的意图,是继续保留还是出售资产。在强烈的利益驱动下,一些状况良好的事业单位管理层会极力游说政府部门将资产出售给原管理者和职工。在这一过程中,外部受让者被排斥。这对于资产收益的实现是非常不利的,只有引进竞争机制,才能使资产的退出过程透明而公正,保证资产的安全。

在我们明确了事业单位资产分类改革的思路后,事业单位资产的管理改革路径是很清晰的,即企业类事业单位转制后仍保留国有地位的将按照经营性企业资产管理办法来加以管理,行政执法型资产的管理采用与行政机关资产相同的方式,从配置、购建、使用、处置等环节建立健全管理制度,实现全过程管理。

# 第四节　事业单位资产管理监督管理体制

### 一、资产监督管理体制的基本概念

资产监督管理(以下简称监管)体制是指政府为履行资产监管行

为而形成的管理组织体系及其运行机制。在这个组织体系的网络结构中,各节点作为一个组织单元,履行国家赋予的监管职能、监管范围和监管权限,同时通过网络形成监管指令的下达和监管信息的传递,从而保证资产监管行为的有效履行。

## 二、资产监管体制

### (一)行政单位资产监管体制

各级财政部门是政府负责行政单位资产管理的职能部门,对行政单位资产实行综合管理。财政部门根据工作需要,可以将资产管理的部分工作交由有关单位完成。有关单位应当完成所交给的资产管理工作,向财政部门负责,并报告工作的完成情况。行政单位对本单位占有、使用的资产实施具体管理。

### (二)事业单位资产监管体制

各级财政部门是政府负责事业单位资产管理的职能部门,对事业单位的资产实施综合管理。事业单位的主管部门负责对本部门所属事业单位的资产实施监督管理。事业单位负责对本单位占有、使用的资产实施具体管理。

### (三)事业单位出资企业国有资产监管体制

事业单位出资企业资产监管属企业资产的监管范畴,应按照《中华人民共和国企业国有资产法》等有关企业国有资产监管的法律和行政法规建立事业单位出资企业国有资产监管体制。

各级政府国有资产监管部门是政府负责事业单位出资企业资产监管的职能部门,对企业的资产实施综合管理。事业单位的主管部门根据同级资产监管部门的委托,负责对本部门所属事业单位出资的企业资产实施监督管理。事业单位负责对本单位出资企业的资产实施监督管理。企业负责对本单位占有、使用的资产实施具体管理[1]。

---

[1]郑治武. 国有资产监督管理系统设计与实现[D]. 长沙:湖南大学,2017.

### 三、资产监管职能

#### (一)事业单位资产监管职能

根据国家和地方事业单位资产监管的有关规定,制定事业单位资产监管的规章制度,并对执行情况进行监督检查。对事业单位设立、合并、分立行为中的资产部分进行管理;对事业单位解散中资产的清算处置进行管理;对事业单位的清产核资和资产评估进行管理;对事业单位国有资产的产权界定和产权登记进行管理;对事业单位投资行为、出租出借行为、担保行为和委托理财行为等重大事项进行监督管理;对事业单位配备和购置各类资产进行管理;对事业单位资产的报废、报损、调拨、转让等处置进行管理;对事业单位资产经营收益进行管理;对事业单位的融资和债券的发行、转让进行管理;对事业单位的年度资产统计报告和报表进行管理。

#### (二)企业资产监管职能

根据国家和地方企业资产监管的有关规定,制定企业资产监管的规章制度,并对执行情况进行监督检查。对企业的设立、合并、分立进行管理;对企业的破产、解散和清算进行管理;对企业的清产核资和资产评估进行管理;对企业的产权或股权转让进行管理;对企业资产的产权界定和产权登记进行管理;对企业资产的核销处置进行管理;对直属企业监事会组成成员进行任命;对企业财务进行监督管理;对企业财务审计进行监督管理;对企业借贷行为、投资行为、担保行为和委托理财行为等重大事项进行监督管理;对企业的融资和债券发行、转让进行管理;对企业的年度经营预算进行管理;对企业的年度财务决算报告和报表进行管理;对企业资产的保值增值进行考核;规范企业利润分配,组织收缴企业资产收益;对企业资产信息化工作的管理。

### 四、行政事业单位资产的账务关联

行政事业单位资产管理是一个复杂的多元化管理,尤其是资产总量较大的大学、科学院,要实现国有资产的全方位管理,需要综合多个管理部门的力量,进行系统有机和协调有序的管理融合,这种管理的融合,源于行政事业单位资产的账务关联。

从行政事业单位资产的账务关联来看,资产管理不是一本账、一个部门就能完成的,而是需要多本账、多个部门共同协调工作才能完成的。行政事业单位资产管理主要分成四大职能体系,即第一,资产价值管理体系;第二,实物资产管理体系;第三,企业(股权投资)资产管理体系;第四,基本建设资产管理体系。

资产管理系统通过账务链形成了一个有机的整体,而财务账从资产价值管理上全面反映行政事业单位资产总量,是系统运行的基础。因此,与之相应的资产价值管理体系处于系统的核心地位,并对系统中的其他部分进行协调。

### 五、行政事业单位资产管理机构

在行政事业单位资产管理的四大职能体系中,资产管理机构可根据不同单位的规模和资产总量进行设置。高等学校、科学院等资产总量较大的事业单位应建立以财务处(资产价值管理)、资产管理处(实物资产管理)、校办产业处或资产经营有限公司(企业资产管理)和基建处(基本建设资产管理)为框架的国有资产管理机构。中等(含中等专业)及以下学校,应建立以总务部门(资产价值、实物资产、企业资产和基本建设资产管理)为框架的资产管理机构。行政单位和资产总量较小的事业单位应建立以财务部门(资产价值管理)、总务部门或办公室(实物资产、企业资产和基本建设资产管理)为框架的资产管理机构。

# 第五章 资产管理在事业单位
# 经济管理中的内部控制作用

## 第一节　内部控制理论和我国事业单位资产管理

### 一、我国事业单位财务管理介绍

#### (一)我国事业单位的特征

1.提供公共服务

实际上事业单位就是提供事业产品的单位。提供事业产品是事业单位的产生和存在的基本条件。事业产品包括公共产品和准公共产品。公共产品是政府相关部门为满足公众需要而提供的服务和产品。公共产品的形成,一部分是由政府行使国家政治、军事、经济等方面的权利而形成的产品,如国防、治安、公共卫生、环境保护、经济秩序等,还有一部分则是由政府组织专门的机构生产或出资购买而服务于社会公众的产品,如教育、科研、医疗、广播、电视等。前者由政府行政机关完成,产品基本是纯公共产品;事业单位是后者的责任主体,即准公共产品。准公共产品不同于公共产品和私人产品,而是介于二者之间。事业单位提供的公共产品基本是从事具体事务、寓于服务之中的产物。

2.承担某些政府职能

事业单位所做的工作是扩展并使政府职能更加具体,而且事业单位就是处理政府委托实施行政管理工作的专门执行机构。如对党政干部训导需设置党校、行政学院；对公民的教育感化，需建立各类学校；建立科学院、研究所等是为了探求研究科学技术和对行政机构战略进行决策；投建电视、电台和互联网络也有传播政府执政立场的用途；政府建立电、气、水、公路、铁路等都是其进行公共管理的基础条件。以上这些工作，如果仅依靠政府机构亲自去实施是不现实的，所以政府应设立专门机构去执行，或由政府请企业来有偿代理实施。专门负责具体执行或实施这些公共事务的机构就是我们所称的事业单位。因为事业单位是政府机构的派生机构，所以它与政府机关的关系非常密切并且由政府机关来规定其工作范围，它的工作效益直接对政府职能的实施和效果造成影响。

3.属于非权力机构

事业单位它没有被赋予公共行政权力，这是不同于行政机关的方面，同时，事业单位必须承担政府所赋予的很多事务。行政管理的实施对象不能是某一领域的事务，同类事业单位之间是平等关系。如中央党校与地方党校、国家科学院与地方科学院、省级医院与市县级医院等都没有上下级的关系。事业单位只对社会或某一地区提供某些服务，不具有管理其他单位或个人的权利，专项性服务是事业单位的社会职责。

**（二）事业单位财务管理的法规及主要任务**

对我国事业单位财务管理进行约束的法律、法规主要包括《会计法》《审计法》《事业单位财务规则》《事业单位会计制度》，其中后两个是对其进行专门制定的。《事业单位财务规则》是财务部颁布针对我国事业单位财务管理的法规，该法规主要为事业单位财务管理提供参考依据。财务部颁布、实施的《事业单位会计制度》是我国事业单位现行法规，对事业单位的财务工作起着规范作用。组织预算的科学编制，对组织财务情况进行如实反映；合理合法组织收入，并安排好合理的支出；建立系统合理的财务管理体制，不断提高资金的使用率；对国有资产进行有效管理,并严格阻止国有资产被挪用或侵蚀;控制和监督组织的所有经济活动。

### (三)事业单位财务管理对象

事业单位不同于企业追求利益最大化。站在事业单位的角度就能看到事业单位的责任是为社会提供优质服务产品,相对于净收益的最大化,事业单位应当更加看重为社会提供高质量和足够的服务与社会所需的商品。不过部分研究专家也认为行政事业单位创造最大化的绩效也是其财务管理的重要目标之一,这种看法充分考虑到了行政事业单位特殊职责及其属性。事业单位财务管理的对象应该包括以下几个方面。

1.筹资管理

为了保证事业单位履行向社会提供优质公共产品的职能,掌控一定数目的财务方面的资金是必要的。我国社会主义市场经济不断完善,事业单位改革不断发展,事业单位已经改变了过去专门依靠政府财政资金支持的局面,现在已经实现通过其他方法进行资金筹集,筹集和融入资金的渠道逐步变宽,其中部分资金来自社会捐赠、教育方面的资金投入、接受被服务方的应缴费用等,也有科研成果收入及向债权人筹资的资金;事业单位的资金来源还有国外的资金支持,例如,联合国相关机构的援助、向世界银行贷款等。从不同渠道获得的资金,有不同的可以使用时间、限制条款或附件,另外资金成本和资金风险容忍度均不相同。事业单位应区别不同来源资金,选择更有利的筹资渠道。客观环境的改变,使得事业单位筹资管理的方式有了明显的不同。行政事业单位需在以后的财务管理过程中,不仅要争取政府在资金方面的支持,还要开拓全新的筹措资金渠道,向社会筹资。

2.投资管理

事业单位投资主要是事业单位对资金的利用和分配使用,这包含对无形资产研发、投资中长期股权等。随着我国社会主义市场经济体制的逐步健全,事业单位自身力量也在不断壮大,内部建设规模越来越大的同时对外投资的势头迅猛。事业单位的投资可能成功也可能失败。投资管理是事业单位财务管理的一个重要方面,与以前"崽花爷钱不心疼"的局面相对。今后,事业单位也要斟酌对外投资的回收期、净现值及投资方案的可行性了。

3.成本管理

随着社会主义市场经济的逐步完善,事业单位的外部环境已然发生了巨大变化,在这种情形下,事业单位财务管理不应再局限于预算资金收支的管理,而应采取以绩效为导向的财务管理模式,进而围绕绩效最大化的理财目标加强成本管理。很显然,事业单位成本管理水平的高低直接影响到事业单位的绩效。虽然各个方面的原因使得我国事业单位至今尚未建立起成本核算体系,但这个局面必然会随着事业单位改革的深入被改变。近几年来,我国高校、医院等事业单位都纷纷进行了收费制度的改革,与其说是其财务管理的进步,倒不如说是来源于接受公共服务的民众所形成的压力促动了事业单位在运营管理过程中不得不关注事业活动的产出和成本。使成本下降并提升资产、资金使用率,将成为行政事业单位财务资产管理的重要工作[1]。

## 二、内部控制的基本理论

### (一)内部控制的概念

1929年,联邦储备委员会和美国注册会计师协会联合颁布了最早的内部控制相关文献《会计报表的验证》。1934年,《证券交易法》首次使用了"内部会计控制"这个专业术语。美国注册会计师协会于1972年定义了会计控制,会计控制是组织中会计工作的计划和相关方法、程序,这些方法、程序包括:①保护资产,就是在进行资产处理、处置和

---

[1]陈维青. 企业内部控制学[M]. 大连:东北财经大学出版社,2013.

业务处理的过程中,为了使资产不会造成过失错误、故意致错或舞弊等损失。②确保对外披露报告的相关财务信息和资料的可靠性。美国虚假财务报告全国委员会的发起机构委员会(The Committee of Sponsoring Organizations of the Treadway Commission, COSO)在 1992 年《内部控制—整合框架》报告中指出,内部控制是企业董事会、高级管理层及其员工通过合理的机制和措施,保证企业制定真实、科学的财务报告,执行有效的经营活动,遵守行业的相关政策、法规。

我国研究内控的理论相对国外要晚一些,所以我国只是依据国外规定好的概念来定义内部控制,我国对内部控制进行最早定义内容为:内控是一种管理手段和方法,它是在企业内部这样的环境中运用、实施的。定义并没有对内控进行进一步深挖并说明。内控的执行主体是组织内部职能机构、部门和工作人员,内控的主要任务是在组织经济业务过程中的一种联系并制约的管理方法。内部控制包括三个基本方面:第一,内控要确认组织内部行政管理人员和各职能部门的权责,在这个基础上确定其在处理经济业务过程中所具有的价值和作用。第二,内控要确定每项经济业务的手续和规范流程,即每项经济业务必须通过哪些手续,明确负责办理的人员,他们之间交流联系的方法,了解所要采用的具体处理办法等。第三,内控需要制定出处理每项经济业务的处理者之间的相互制约的机制,即办理业务的人员在办理之前需要经过相关规定者的批准,并明确对这些办理业务人员的监督办法,相互之间形成制约的关系。

**(二)内部控制理论的发展**

内部控制理论是企业管理人员在生产经营管理过程中不断完善和建立起来的,在不断完善和发展过程中,经历了初创期、完善期和稳定期三个阶段。

1.初创期——内部牵制

内部牵制的提出是在 20 世纪初期,是企业内控的初始状态。最早的内部牵制对象是组织中财资管理部门的经济管理流程的各个环节，实施内部牵制的前提是职务分离，会计对象是包括钱、财、物等的会计事项，内部牵制的方法是建立科学合理的管理机制，对组织中所有经营活动过程进行控制，并且对相关工作人员在其业务中的活动进行监控，避免他们出现错误、违法、违规行为。

内部牵制的目标有以下几点：首先，对公司经济业务进行全面管控；其次，对财产管理部门的物资和财产进行管控且实施符合企业实际管理情况和经济情况的管控机制。然而，内部牵制一般是针对某一个流程环节或者一个部门进行管控的，不能从宏观层面上对整个组织业务过程和程序的所有方面的经济业务进行系统的战略性控制，换句话说，内部牵制是以公司经济业务的"业务控制点"为基础进行控制管理的，控制面较窄，而且通常会忽视"点"与"点"之间的关联，缺乏对公司整体业务的控制。在现代，企业管理其经济活动应属于系统管理，只针对单一的业务点进行管控的模式已不适应现代企业。

2.完善时期——内部控制（内部会计控制与内部管控）

内部控制的主要特点：首先，必须对控制的业务进行内部牵制，加强企业在某一经济业务程序或某一方面的管控。换句话说，内部控制是通过内控的方法对公司的某些程序或某些机构的工作内容进行管控，它的突出特点是体现了"线"和"面"的控制。内部控制是由内部牵制发展而来，它主要是针对业务点的管控，在这个前提下进行流程、程序的控制，从管理范围的角度看，内部控制比内部牵制范围更广，控制区域更大，控制方法也更科学、系统。

3.成熟时期——内部控制框架

20世纪80年代，美国审计总署、IMA等机构共同建立舞弊性财报委员会，在建立委员会后两年，该委员会就提出了很多有意义的建议、方案。美国舞弊性财务报告委员会并未最后对内控下结论，但是它所指定的报告还是引起了很多组织的兴趣并作出回应。在该委员会的提议之下,一个专门研究内控问题的组织成立了,这个组织就是COSO委员会。这个委员会也制定了《内部控制——整合框架》的报告,1994年进行了增补。该报告中指出:内部控制工作实施的主体是企业董事会、经理层和所有员工;内控的效果体现在其能够保证公司良好运营,确保公司财报真实、合法、合规。

### (三)内部控制构成要素

1.控制环境

公司战略方向和公司环境应该是内部控制环境的基础,而且会使员工对内控的观念产生影响。控制环境是其他四个要素的基础并构建了内控的规则和架构。控制环境包括以下几个方面:组织人员的信用程度、职业素养、道德和能力;管理水平和经营哲学;权力和责任的分配方法、组织中人事的政策;董事会经营战略和发展目标等。

2.风险评估

但凡组织均要面对内外部各种有待评估的风险。组织经营目标在各层次上互相联系,保持共生关系是风险评估的前提条件。风险评估为实现目标主要依据科学的方法、工具来识别和分析风险,这样风险评估就成为风险管理的基础。因为整个社会的经济环境、产业发展、法规制定和经营环境的变更,所以建立一种机制去识别和应对这些变化带来的风险是有必要的。

3.控制活动

控制活动就是组织制定政策和流程使管理层的决策能够顺利实施。控制行为是为了实现组织目标而去维护管理风险的措施能够顺利执行的行为。组织各业务方面和部门都需控制,包括批准、授权、核对、资产保护等活动。

4.信息和沟通

组织必须将公共的信息进行确认、吸收并及时传递,使员工能够很好地履行职责。信息系统的应用更好地保证了组织的良好运营,因为它可以为组织提供所需的经营信息、财务信息和其他相关业务的报告。信息系统要对公司内部信息进行处理,还要对公司外部事件和行为进行处理,这些外部事件是关于组织战略决策和对外报告的。管理层必须使员工了解清楚的信息,并认真执行控制责任。员工需要了解其在内控系统中的作用。另外,企业也需同外部如供应商、客户、股东之间进行有效的沟通。

5. 监控

组织需要监督和控制内控系统,即监控系统有效性评估的整个过程。内部系统监控可以通过连续的监控工作、独立性评估或两者同时进行来完成。持续监控包括组织的管理、所有组织人员履行职责的行为,该监控活动应该出现在组织每天的经营、生产、管理工作中。独立评估行为的范围和频率是基于日常监控程序和风险评估的有效性。组织管理者必须制定内控缺陷从下往上报告制度,如果发现严重缺陷应向最高层汇报。

以上五要素相辅相成,构成一个完整的体系,能够在不断变化的环境中及时应变。内控制度与组织的业务活动是密切相关的。所有企业、单位组织想让内控体系发挥最大的功用,必须使其成为组织内部架构核心和基础。

这时内控可以在避免资源浪费的同时保证经营的质量和组织权责运转,并能迅速针对环境变化采取相应措施。

### 三、事业单位内部控制的发展

#### (一)我国关于事业单位内部控制的相关规定

在中国,事业单位和政府内部控制的研究与实践起步较晚,主要研究成果集中在20世纪80年代后。另外,20世纪90年代以来,我国陆续出台系列规范性文件,基本包含了对行政事业单位和政府部门政务、人事、财务、会计、信息处理技术、内部控制及内控监督和处罚的要求。政府部门会计及财务管控和内部监督方面的法律有:《预算法》

《会计法》《招标投资法》《审计法》等；在法规层面上有：《国务院关于加强预算外资金管理的决定》《进一步加强财政管理意见的通知》《中华人民共和国行政监察法实施条例》等；在部门规章层面上有：《中华人民共和国国家金库条例实施细则》《中华人民共和国税收征收管理法实施细则》《财政预算资金拨付管理暂行办法》《预算外资金实施管理办法》《行政单位会计制度》《内部会计控制规范——基本规范（试行）》等。

自 2006 年 6 月起，中国内部审计协会先后发布执行的《内部审计基本准则》《遵循性审计准则》《风险管理审计准则》，具体规定了内部审计人员审查和评价内部控制的活动。2004 年审计署颁布实施《审计机关内部控制测评准则》，具体规定了审计机关为保证审计质量如何对被审计单位内部控制工作进行测评。内部审计署及审计协会颁布的内控准则，不仅对行政事业单位内控机制的建立具有积极的指导意义，而且也规范了国家审计人员及内部审计者针对内控进行测评或审计工作。

从这些体现事业单位内部控制的法律法规和规范性文件看，它们从不同角度、不同层面体现出对政府内部控制的要求，但这些要求或规定大多还只是停留在内部会计控制上，与现代管理的需要和内部控制的发展尚有较大差距。如在《会计法》修订后规定，所有单位必须健全系统科学的内部会计监督机制，着重开展单位内部会计控制，做到职责分开、批准授权、相互牵制、约束并且加强持续监督。这些法律、法规虽然可以帮助我国建立健全良好的事业单位内控制度，但同样也存在着一些问题，比如说立法层对内控要求不够详细，立法制定者对内控理论认识缺陷等。

2006 年，相关部委共同提议并成立内部控制标准委员会，这也为我国企业内部控制提供了标准体系。2008 年，财政部、银监会等相关部委、机构共同颁布了《企业内部控制基本规范》，内控具体指引也跟着颁布。

内控规范建设的投入很大,其主要是针对企业而制定的,但在相关机构研制内控规范过程中,同样注意到了政府及非盈利组织的内控问题。财政部建立了我国行政单位内控标准咨询小组,该小组由内控专家组成,小组成立之后便开始了相关的内控研究工作。

**(二)事业单位财务管理控制的规定**

《行政事业单位内部控制规范》(征求意见稿)中指出:部分单位没有建立有效的内控体系,在单位的经济管理方面也很混乱,造成了资金和财产的流失、浪费;一些单位的一些人为了自己的"小金库"使用假发票非法进行并掩盖违规支出或进行套现;更严重的是用"白条抵库"等方式挪用并贪污财政资金。另外,没有得到同意擅自对外签订经济合同、违规处理国有资产的情况时有出现。

因此,必须通过建立健全内控制度,来对单位的各项业务流程进行监督控制,发现行政事业单位重大的经济活动风险并予以防范。《行政事业单位内部控制规范》(征求意见稿)提到:行政事业单位内控的目标是组织内部经济活动的风险,并针对这些风险进行管控,而不是对组织内存在的所有风险采取措施,这就体现了控制侧重点。同时介绍了行政事业单位经济活动的主要内容,包括:成本预算、资产管理、债务管控、政府采购和经济合同签订并执行等方面,行政事业单位内控对象就是这些经济活动,并按照内控相互牵制、约束的原理制定了相应的控制措施,并且这些控制措施必须符合组织环境。从新颁布的《行政事业单位内部控制规范》中可以看出,国家目前主要是要从事业单位财务和经济方面对其进行控制,以达到规范管理和提高效率的目的。

## 第二节　事业单位内部控制基础理论

### 一、内部控制的历史沿革

古今中外,无论是管理一个国家,还是管理一个单位,甚至个人的自我管理,内部控制都是普遍采用的,并且被实践证明是行之有效的。例如,古罗马帝国时宫廷库房采取的"双人记账制";《周礼》一书提到的内部控制思想,西汉时期的"上计制度",宋太祖时期的"主库吏三年一易"制度,都是内部控制的形式。

### (一)国外政府组织的内部控制

1945以后,随着科学技术的发展,内部控制的理论研究逐步建立和完善。这其中,注册会计师及其相关执业团体的研究成果,政府部门推动法制建设的建立健全,均起到了重要作用。1949年,美国注册会计师协会(American Institute of Certified Public Accountants, AICPA)的审计程序委员会发表了一篇题为《内部控制系统协调诸要素及其对管理部门和注册会计师的必要性》的报告,在这份专题报告中,内部控制第一次被进行了比较权威的定义。1992年,COSO发布了《内部控制—整合框架》的报告,将内部控制分为五要素,即控制环境、风险评估、控制活动、信息与沟通、监控,受到了国际内部控制理论界和实务界的广泛关注,被世界上许多企业所采用。2004年,COSO在《企业风险管理—整合框架》中,从对企业风险管理的要求上新增了三个风险管理要素,即目标制定、事项识别和风险反应。

美国是世界各国政府中内部控制相对健全、完善的国家,也较早关注政府内部控制。其中,美国国会、行政管理和预算办公室(Office of Management and Budget)与审计总署(General Accounting Office, GAO)扮演着重要角色。OMB负责制定指令和指南以帮助联邦机构遵循国会的立法,并向外发布;GAO负责发布《联邦政府内部控制准则》。经过多届政府的努力,联邦政府机构的内部控制在行政系统内基本形成,督察长、首席财务官等制度逐渐建立健全。

作为世界上最廉洁国家之一——芬兰,2004年4月成立了芬兰政府财政管理职责部,主要将国家审计情况作为风险或问题的来源,并依据《宪法》《预算法》开展工作,是独立且权威的内部风险控制机构。同时,芬兰《中央政府预算法》明确了风险防控法制化的具体要求。

同时,政府部门内部控制被有关国际组织给予了极大的关注。国际会计师联盟2001年提出了《公共部门治理—管理层的视角》的报告,指出内部控制是政府责任的基础和政府治理的重要工作。2004年,最高审计机关国际组织发布了新的《公共部门内部控制准则指南》,规范了公共部门开展风险评估的方法,并强调了政府部门的风险评估。将公共部门内部控制定义为公共部门管理层和员工为合理保证单位履行使命、实现总体目标应对风险的过程,将内部控制的本质界定为风险防范。

### (二)我国企业内部控制发展

我国企业内部控制的发展正式开始于20世纪90年代,主要由政府、证券监管机构和行业监管机构等制定的有关法律、法规、指引来推动。1999年10月,第九届全国人民代表大会常务委员会通过了《中华人民共和国会计法》修订稿,规定各单位应当建立、健全本单位内部会计监督制度。这是我国第一次以法律形式对内部控制提出了明确要求。2008年,财政部会同证监会、审计署、银监会和保监会联合发布了《企业内部控制基本规范》,其在形式上借鉴了COSO报告五要素框架,内容上体现了风险管理八要素框架的实质,实现了与国际接轨的目标。2010年,财政部、证监会等五部委联合发布了《企业内部控制应用指引》《企业内部控制评价指引》和《企业内部控制审计指引》。上述配套指引和《企业内部控制基本规范》一起,为我国企业内部控制的实施建立了一套比较完善的标准。

### （三）我国事业单位内部控制发展

我国事业单位内部控制的研究和实践起步较晚。借鉴COSO框架以及我国企业内部控制发展的经验，事业单位内部控制的要素归纳为五个方面：内部环境、风险评估、控制活动、信息与沟通和内部监督。

这五个方面的要素在事业单位内部控制过程中是密切联系、不可分割、相互影响的。内部环境是事业单位建立和实施内部控制的基础，也是内部控制其他四个要素的基础：第一，风险评估是实施内部控制的重要环节，在达到内部控制目标的过程中，及时识别、科学分析经济活动中可能出现的风险，才能合理确定风险应对策略。第二，控制活动是实施内部控制的重要途径，也是内部控制的核心，事业单位管理层根据风险评估结果，通过采取一系列的控制措施，将风险控制在可承受范围之内。第三，信息与沟通是实施内部控制的重要条件，在收集、传递与内部控制相关的信息的过程中，确保在单位内、外部之间进行有效地信息沟通。第四，内部监督是实施内部控制的有效保证，通过对内部控制建立与实施的监督检查，及时改进内部控制缺陷，从而有效评价内部控制。

近年来，事业单位内部控制的发展可以分为两个阶段：一是单位内部控制相关法律法规建设阶段。主要有全国人大、国务院、财政部、审计署和相关部委发布的一系列有关财务管理、会计核算、预算管理、收支管理、政府采购、资产管理、审计监督、纪检监察的法律法规。这些法规是事业单位内部管理的外部约束，一定程度上要求单位规范内部控制，提高单位内部管理水平。二是单位内部控制全面建设阶段。2010年，在国务院打击发票违法犯罪工作部署的背景下，财政部启动了事业单位内部控制规范的立项研究工作。2012年，财政部发布了《行政事业单位内部控制规范（试行）》，并规定于2014年1月1日在全国各级行政事业单位实施，标志着我国事业单位内部控制进入全面建设阶段①。

## 二、事业单位内部控制的基本情况

### (一)事业单位基本情况

事业单位的宗旨是为社会服务,依据有关法律参与社会事务管理,履行管理和服务职能,所作出的决定多具有强制力。事业单位的上级主管部门多为政府行政主管部门或者政府职能部门,其承担政府职能的工作经费和人员工资来源多为财政经费。

按照《中共中央国务院关于分类推进事业单位改革的指导意见》(中发〔2011〕5号)以社会功能对事业单位进行分类,可根据职责任务、服务对象和资源配置方式等情况,将从事公益服务的事业单位细分为两类:承担义务教育、基础性科研、公共文化、公共卫生及基层的基本医疗服务等基本公益服务,不能或不宜由市场配置资源的,划入公益一类;承担高等教育、非营利医疗等公益服务,可部分由市场配置资源的,划入公益二类。

事业单位在社会发展进步中发挥着重要的功能,涉及的领域具有广泛性,包括教育、科学研究、文化、体育、新闻出版、广播影视、交通、环保、测绘、地震、气象、医疗卫生和计划生育、社会福利等其他事业单位。根据2012年的统计数字,我国事业单位总数126万家,从业者超过3000万人,我国70%以上的科研人员、95%以上的教师和医生均集中在各类事业单位。

### (二)事业单位内部控制存在的问题

我国处于全面建设小康社会的关键过程中,加快发展社会事业、满足人民群众公益服务需求的任务十分艰巨。在我国经济社会发展中,事业单位是我国提供公共服务的主要载体,属于政府公共管理和社会服务职能的组成部门。然而,事业单位的功能定位仍然不够明确,内部管理存在着比较突出的问题,影响了公益事业和服务的健康

---

①李悦.X事业单位内部控制体系优化研究[D].沈阳:沈阳大学,2018.

发展。我国的国情和政治制度决定了事业单位具有鲜明的中国特色，与国际政府组织、企业组织相比，有许多不同的特点。事业单位内部控制的问题主要表现为以下几个方面。

1. 内控基础不牢

由于历史原因，我国事业单位尚未建立科学的管理组织结构，不同于企业的内部控制来源于公司内部治理的刚性要求，事业单位没有直接与管理支配的国有资产发生权属关系，加之其公共属性和财政资金投入的特点，实施内控必然缺乏内部动力和积极性，主要依靠外部监督和社会公众的推动。

2. 内控认识不足

事业单位的"一把手"一般多为相关行业的专家，专注于业务工作的发展、科技创新能力的提升，较少关注经营管理方面，内部控制意识相对薄弱，管理观念不能适应目前经济发展的需要，导致重大决策的过程不科学、不民主，甚至出现个别滥用职权，行政不作为或乱作为的违法乱纪腐败问题。

3. 内控活动不严

近年来，我国已经出台了一些适用于事业单位的关于预算、资产、采购管理的制度规定，但是在事业单位内部仍然存在不执行或执行不到位的情况，导致制度建设形同虚设，"上有政策，下有对策"，不兼容岗位相互分离、内部授权审批控制无法落实。

4. 信息沟通不畅

事业单位的信息化和办公自动化水平逐年提高，但是在单位内部缺乏决策层、管理层和执行层的有效沟通，普通员工无法获得准确的信息传递，职能部门无法得到及时的信息交换，财务管理和业务活动各自为营，更无法对沟通中存在的问题及时加以解决。

5. 内部监督不够

事业单位没有单独设立内部审计机构的要求，一般是附属在财务机构内,或者通过购买服务形式进行审计外包。这样导致单位的内部监督缺乏独立性,或者是外部机构对单位的情况不能深入了解,以致内部监督形同虚设,难以改进内部控制缺陷,缺乏内部控制的有效评价。

6.内控人才不足

在一些事业单位,由于人员编制或是单位的领导对内部控制工作的重要性认识不够等方面的影响,存在着未按制度要求进行定岗用人的现象,岗位设置不合理、不规范。如对一些专职岗位或是由其他人员进行兼任,或是干脆使用无会计从业资格的人员任职于财务岗位;在对会计机构负责人与主管人员的任用条件要求上也是降了又降,财务管理秩序混乱,会计工作失去基本控制。

## 三、我国现行事业单位内部控制规范

现阶段,我国事业单位内部控制的范围仅限于事业单位的经济活动。在国家已经出台的各项财务规章制度基础上,进行高度融合和提升,使其规则化、程序化、系统化。我国事业单位内控规范没有过多的考虑国际上的规定,而是更加注重符合我国国情的事业单位的实际需要。

### (一)事业单位内部控制目标

COSO认为:企业目标的实现通过内部控制进行合理保证。因此,单位发展的总体目标和内部控制目标应该是一致的。事业单位内部控制的主要目标包括以下部分。

1.单位经济活动合法合规

单位经济活动合法合规是事业单位内部控制的最基本的目标,也是单位有效履行职能的前提。事业单位开展的经济活动必须在法律法规允许的范围内进行,通过制定制度、实施措施和执行程序,符合有关财政管理等规定,避免违法违规行为的发生。

2.单位资产安全和使用有效

资产安全和使用有效是内部控制的重要目标。事业单位的资产是单位正常运转的财力基础和物质保障,使用和管理上要坚持所有权与使用权相分离的原则。资产不安全、使用效率低下都将对事业单位各项工作的开展产生不利影响。国家对事业单位资产的管理,实行的是国家统一所有,政府分级监管,单位合法使用的管理体制。

3.单位财务信息真实完整

按照国家规定,行政事业单位的法定义务之一就是确保单位的财务信息和财务会计报告真实完整。事业单位要依法设置会计账簿,加强预算决算管理,反映真实的财务状况和经营成果,通过信息化手段,为外部监管和内部管理提供支撑,深化经济信息和财务分析的结果运用与绩效评价。

4.有效预防腐败和防范舞弊

有效预防腐败和防范舞弊目标与中纪委推动的廉政风险防控机制建设,在方向、思路、内容、方法上可以说是基本是一致的。单位内部财务制度不完善、财务监督不力、管理和控制弱化,是发生贪污腐败行为的重要原因。通过加强内部控制,建立经济活动关键岗位与关键环节相互监督、相互制约机制,就是要"关口前移",从源头上预防贪污腐败行为。

5.提高公共服务的效率和效果

提高公共服务的效率和效果是国家赋予的职责使命,是内部控制的终极目标。这一目标是以前四项目标为基础的。事业单位是为社会提供公益服务的非营利社会组织,提高单位公共服务的效率和效果,才能正确履行事业单位的公共服务职能,才能将有限的公共资源投向正当合理的方向。

**(二)事业单位内部控制原则**

1.全面性原则

事业单位内部控制应当实现对经济活动的全面控制,要贯穿单位经济活动的决策、执行和监督全过程。

## 2.重要性原则

在全面控制的基础上,事业单位内部控制应当关注两个方面,即"重要"和"重大",分别是指事业单位发生的重要经济活动,在经济活动过程可能存在的重大风险。主要包括预算业务、收支业务、资产业务、政府采购业务、建设项目业务和合同管理业务六项经济业务活动。

## 3.制衡性原则

事业单位内部控制应当在单位内部的机构设置、权责分配和业务流程方面相互制约和相互监督,对不兼容岗位进行分离和制衡,将可行性研究、执行与决策分开,同时兼顾运行效率。

## 4.适应性原则

事业单位内部控制应当与单位的业务范围、管理流程、资金来源和风险水平相适应。在符合国家有关规定基础上,随着环境和情况的变化,及时修订和完善,以确保与单位组织层级和业务层级相匹配。体现"三化":①个性化,与单位规模、业务范围和特点、风险水平及所处具体环境等相适应。②动态化,内部控制的建立是一个不断完善、不断调整的动态过程,而非一劳永逸。③信息化,在适当考虑成本效益的前提下,"人控"远远不如"机控"效果好。

### (三)事业单位内部控制的主要内容

事业单位内部控制的主要内容包括两个层面,即单位层面的内部控制和业务层面的内部控制。

单位层面的内部控制主要是指事业单位组织层级的内部控制,包括以下几个方面:一是内部控制组织架构的建立,如应当设置独立的内部控制职能部门,或者以工作组的形式明确牵头部门,同时注意发挥经济活动相关职能部门的作用,充分发挥单位内部审计、纪检监察部门的职能作用。二是内部控制工作机制的建立,重点是将决策机制、执行机制、监督机制明确区分,注意根据单位的实际有所侧重,通过明确内部控制的关键岗位,明确岗位责任制并实行定期轮岗制度。

三是内部控制关键岗位工作人员的要求,要把好人员入口关,对关键岗位工作人员进行定期业务培训,不断强化职业道德教育。此外还包括编报财务信息的要求以及运用现代科技手段加强内部控制。

业务层面的内部控制是《行政事业单位内部控制规范》的主要内容,包括了六个方面的业务,即预算业务、收支业务、政府采购业务、资产业务、建设项目业务和合同业务。一是预算业务控制,主要包括建立健全预算业务内部管理制度,预算业务管理的机构和岗位进行合理设置,对预算编制和执行的控制,加强决算和绩效评价的管理。二是收支业务控制,主要是收入和支出的范围、主要风险和控制措施。三是政府采购业务控制,包括内涵、主要风险和控制措施。四是资产业务控制,主要是建立健全资产内部管理制度,合理设置资产管理岗位,加强对货币资金、实物资产、无形资产和对外投资的控制和管理。五是建设项目业务控制,包括主要风险和控制措施。六是合同控制,包括控制的内涵、合同订立、履行和登记归档的主要风险以及相应的控制措施。

# 第三节 事业单位内部控制现状分析

依据事业单位内部控制规范的要求,结合 W 事业单位的特点,全面考虑单位内部控制的各项细节,对其内部控制现状进行分析。

## 一、W事业单位基本情况

### (一)主要职能

W 事业单位是经中央机构编制委员会办公室批准设立的国务院部委下属事业单位,成立于 1998 年 12 月,主要承担全国行业内人力资源开发、管理与服务等工作,是国务院组成部委的下属 95 个二级预算管理单位之一。

目前,W 事业单位已经初步建立起了包括行业人才评价、行业社会化服务、人才培训、国际化交流合作与政策研究在内的行业人才发展服务链,积极推进行业人力资源体系开发和行业人才队伍建设。承担了行业内职业技能鉴定、涉外人员专业技术资格认定、人事争议调解等职能。先后挂牌成立了 WHO 人力资源合作中心和中法人才培训合作中心。

**(二)财务收支总体情况**

截至 2013 年 12 月 31 日,W 事业单位资产总额 1.11 亿元,负债总额 0.05 亿元,资产负债率 4.41%。从国有资产保值安全和事业单位的性质上看,W 事业单位的资产负债率属于比较合理的比例。

W 事业单位经费来源主要包括:财政补助收入、事业收入、经营收入和其他收入。

1.财政补助收入

财政补助收入主要是 W 事业单位承担政府职能安排的项目经费,是单位的主要收入来源,其中承担的行业内职称类考试和执业准入类考试按照“收支两条线”进行管理。随着考生人数的增加,近几年财政拨款收入增幅较为明显。

2.事业收入

事业收入主要是 W 事业单位承担的非财政专项工作。此部分收入比较稳定。

3.经营收入

经营收入主要是 W 事业单位接受地方行政事业单位委托开展的行业内的社会化评价收入以及人事代理工作等。随着近年来事业单位公开招聘和职称评审的公开、透明,委托第三方开展服务需求不断增加,此部分收入稳中有升。

4.其他收入

其他收入主要是 W 事业单位利息和其他收入。此项收入比较稳定。

W 事业单位按照支出结构分类,可以分为两部分,即人员支出和公用支出。

(1)人员支出

人员支出指单位用于单位内工作人员的经费支出,主要包括基本工资、津贴补贴等工资福利支出以及对个人和家庭的补助支出等。

(2)公用支出

公用支出指单位用于公用开支的经费支出,主要包括办公费、印刷费、公务接待费、因公出国境费、公务车辆购置和运行费、会议费、培训费和设备购置费等商品和服务支出。

通过 2010—2013 年度的比较,结合 W 事业单位的业务特点和人员状况,表明 W 事业单位支出结构总体上公用支出大于人员支出。2011年人员支出比例超过 50%,如果排除人员数量变化的影响,2011 年存在人员支出占事业单位支出比例过高的情况,事业单位有限的资金用于人员经费开支,将不利于单位事业发展。

按照 2013 年以来国家厉行节约的有关要求,W 事业单位 2013 年财政资金"三公经费"支出明显减少,与 2012 年度相比下降 49%,2014 年比上年同期总体减少 10.4%。说明 W 事业单位基本能够按照厉行节约要求,在落实中央八项规定等要求方面初见实效[①]。

## 二、W 事业单位内部控制现状

2013 年年初,按照上级主管部委关于进一步加强预算管理单位内部控制的要求,W 事业单位制定了单位内部经济管理内部控制自查工作方案,成立了自查工作小组,办公室设在内部审计处,用 3 个月的时

---

[①]秦敏.行政事业单位内部控制评价体系研究[J]. 合作经济与科技,2019(22):134-13[.

间开展经济管理内部控制自查工作。

### (一)W事业单位内部控制基础

**1.单位层面**

单位层面包括以下几个方面:一是按照上级部门要求,W事业单位建立了内部控制制度,由于上级部门内控自查的组织由内部审计部门负责,W事业单位也按此明确了职能部门。二是W事业单位已经建立了"三重一大"、预算管理、采购管理、资产管理、合同管理等制度。三是按照《中华人民共和国会计法》的要求,W事业单位内部财务人员均已具备会计从业资格,并且定期完成相应的继续教育培训,部分人员通过单位设立的员工培养基金,完成了相应的学历学位教育。四是按照国家统一的事业单位会计制度,W事业单位能够依法设置会计账簿,以真实、完整的经济业务事项进行财务会计报告的编制。

**2.业务层面**

业务层面包括以下几个方面:一是W事业单位预算编制是由财务处组织,内部各业务处(室)共同完成。按照"收支平衡、保障重点、分步实施、厉行节约"的原则编制预算,各处(室)间充分沟通协调。二是W事业单位严格按照中央连续多年开展的"小金库"专项工作治理要求开展工作。按照"国库集中收付"制度要求,设立了收入和支出的零余额账户,作为中央考试考务费的执收单位,实时、足额将地方考试机构上缴的非税收入缴入国库;财政支出通过国库零余额支出账户,在年初划分财政直接支付和财政授权支付方式,并在相应额度内执行预算。三是W事业单位的实物资产工作归口管理在综合处。按照事业单位资产的定义,W事业单位实物资产的主要类型包括房屋、专用设备、一般设备。由于单位从事考试工作的特点,在具体资产采购管理中将涉及安全保密的资产由考务管理部门负责,非涉密的由综合处负责。四是按照上级部门合同管理的要求,W事业单位制定了合同管理办法,并定期上报单位的合同签订情况。总体上,W事业单位按照国家制度规定,积极推进部门预算编制、财务收支分类管理工作。经济管理涉及部门均已纳入中心权力运行监控机制进行监管,财务管理权、采购权和经营管理权均作为A级风险绘制了权力运行流程图,从程序上保证了权力的规范有序开展。但W事业单位在内部控制单位层面和业务层面还存在一定问题。

**(二)W事业单位内部控制存在的问题**

1.单位层面

(1)内部控制工作的组织情况

W事业单位虽然建立了内部控制制度,但是针对性不强,也没有结合单位的实际情况,基本是原文转发。

(2)内部控制机制的建设情况

W事业单位大事小事都经过主任办公会讨论,办公会成员中主要都是业务领导,没有总会计师、总审计师等财务、审计背景的成员,对经济活动的决策基本上按照部门负责人的建议确定。内部监管不到位,或者仅限于事后的监管。内部审计部门未建立相应的工作制度,日常审计业务活动基本不开展,仅在年底委托事务所进行相关审计。

(3)内部管理制度的完善情况

W事业单位的"三重一大"、预算管理、采购管理、资产管理、合同管理等制度,在工作流程上存在与实际操作无法衔接、部门间扯皮和多头管理的情况。W单位内控制度施行以来,上级部门的监管和单位内部管理已经发生了一系列的变化,而在制度的实际执行过程中,也发现了存在的问题,需要及时补充完善、修订更新。

(4)内部控制关键岗位工作人员的管理情况

由于单位人员编制所限,财务人员轮岗机制尚未建立,只能通过人员调动时进行轮岗,缺乏计划性。

(5)财务信息的编报情况

财务信息报告的编制能够做到真实、准确、完整,但是使用效率不高。

2.业务层面

(1)预算管理情况

在预算编制方面,按照当前中央部门预算编制的安排,时间过短,准备不够充分,导致预算编制的质量较低。在预算执行方面,由于上述预算在编制时存在一定问题,在执行时就无法严格按照预算安排各项收支。此外,观念上,W事业单位存在工作计划跟着预算安排走的认识。在决算和评价方面,目前,W事业单位日常会计核算是按照会计科目进行,主要与政府收支分类的功能分类对应,而中央部门预算主要是按照支出的功能分类编制。W事业单位在决算时,就会存在决算和预算脱节、口径无法统一的情况,预算执行情况难以及时反映。

(2)收支管理情况

在收入业务方面,W事业单位的社会化人才评价业务较多,业务部门直接和委托单位签订合同环节,权力较大,缺乏有效的监管。通常收入已经实现,却不知道因何而收。非税收入收缴方面,地方考试机构代为收缴的中央部分收入,上缴流程复杂,通常不能足额上缴,非税收入管理难度大。在支出业务方面,授权批准的层次较低,支出标准500元就要单位负责人审批,对支出上限需要办公会讨论的情形,而又没有明确规定;支出标准不够明确,支出的业务流程执行不到位。特别是2013年以来,国家有关厉行节约制度的配套实施办法亟待建立。

(3)实物资产管理情况

目前国家并没有对实物资产的特殊保密规定,在单位内部工作实际中,同样是一台计算机,使用部门不同,负责采购和管理的部门不相同,事实上,计算机放入保密场所之前是没有保密可言的。对于专门从事考试业务的考务管理部门很难对资产管理有全面的了解。在资产采购方面,虽然编制了采购预算,但是与实际采购计划不匹配,存在采购资金、资产的浪费。在采购主体方面,对政府采购政策理解不准确,存在没有将应纳入政府采购范围内的采购事项纳入政府采购,或将采购金额分拆后,在规定的最短采购周期内多次出现名称和品目相同的采购事项。

(4)合同管理情况

在合同订立、履行和登记环节还存在一定风险。在合同订立方面,存在合同的立项未经过可行性论证直接签订的情况,并且回避"三重一大"中重大项目的审批流程,简单地以权利和义务来签订。合同主体资格审核的职责由业务部门履行,缺乏相关专业人员审查资格和参与谈判。业务部门未经授权或者超越权限签订合同的现象时有发生。

在合同履行方面,主要是对合同的执行情况监控不严,监督的职责不够明确,仅通过财务数据跟踪合同的履行情况。

在合同保管环节,主要是W事业单位的合同存档保管为业务部门,合同归口部门不掌握全部合同的档案情况。合同盖章为单位公章,单位公章的保管部门与合同归口管理部门不同,导致合同归口管理部门虽然签了字、编了号,但是不掌握最终签订合同的情况。

### 三、W事业单位内部控制存在问题的原因分析

根据前述对W事业单位内部控制的现状分析结果,该单位在单位层面和业务层面已经初步建立了内部控制的基本框架,这主要得益于上级主管部门对此项工作有明确的要求,单位将内部控制工作与惩防体系建设的要求联系在一起,涉及经济管理活动的内部控制工作在这两项要求下相互促进、相互借鉴。从国家内控规范的整体性要求来看,单位的内部控制与相关要求相比,还存在一定的差距,分析其内部控制存在问题的原因,主要有以下几个方面。

### (一)工作机制未形成常态化,保障不足

内控工作作为一项长期工作,应该得到单位的高度重视,并在组织结构、机制建立、制度完善和人员配备上得到保障。应该明确设立

内部控制决策、管理、执行、监督等专门机构,负责协调内控制度的相关工作,才能达到统一协调管理。

### (二)集体决策流于形式,监督弱化

办公会看似权利大,实际工作中就会存在走过场的情况。对内部控制的建立和有效的运行,缺乏理解和重视,决策和监督职能存在弱化的风险,也并未实现有效的分离。

### (三)内部管理制度之间不衔接,存在缺位

预算管理的精细化程度不高,预算执行计划调整频繁,预算约束不够,预算失去了严肃性。采购和资产管理的职责不明确,合同管理主要依靠单位的法律顾问审核,无法深入了解业务全面审核合同的风险。财务报销管理制度比较原则,不能跟上单位业务发展的情况及时补充完善,部分开支标准不明确,报销流程不清晰,导致制度执行不到位。此外,W事业单位的上级主管部委刚刚启动中央财政项目资金的绩效评价,特别是使用财政经费的社会效益评价还不够完善。

### (四)经济管理人员缺乏,后劲不足

目前,W事业单位所属的上级部委管理的全国各级行业机构近七万个,经济管理、财会人员40万人。经济管理队伍在加强行业内经济管理工作方面发挥了重要作用。但是,行业内经济管理队伍还存在总量不足,人员业务素质与事业发展需要不相适应,系统性的教育培训机制尚未建立,具有行业特点的经济管理队伍尚未形成等问题。财务部门的大部分工作和主要精力集中在传统的会计核算工作。在财务分析、经济管理及参谋决策等职能方面,财务人员的精力不够,投入较弱。采购、资产管理、合同管理的岗位情况比较薄弱,基本是非专业人员从事的兼职工作,与单位历史遗留情况有关系,缺乏相关的专业资格和能力。

### (五)信息未得到有效利用,无法共享

财务信息的编报局限于按照部门决算的编制要求编制单位决算,

缺少会计控制和预算控制的匹配对接。财务收支信息公开力度不够，信息化水平不高，导致业务部门和财务部门无法及时共享信息，经费运行的透明度差。

### （六）内部监督存在障碍，缺乏效率

内部审计机构设置存在随意性，地位不明确。内部审计力量薄弱，技术落后，审计手段不能适应新的要求。内部审计与法务部门、纪检监察部门合署办公，相关人员的审计和会计知识背景欠缺，基本的财务工作和审计要点不了解，实质上，内部审计形同虚设，内部控制的监督反馈职能无法充分发挥。

# 第四节　事业单位内部控制设计完善

## 一、预算管理内部控制设计

预算是根据工作目标和计划编制的年度财务收支计划，包括预算年度内单位的资金收支规模和资金使用方向，是单位财务工作的基本依据。W事业单位是国务院组成部委的下属预算管理单位，其预算具有法律效力，在W事业单位的内部管理中发挥着计划、协调、控制、评价等综合管理功能。

### （一）组织管理和职责分工

1.预算管理制度建设

W事业单位的上级主管部门十分重视下属预算管理单位的预算管理制度建设，专门制定了有关预算管理、预算执行管理、预决算考核管理和绩效管理的制度。在这样有利的预算管理环境下，W事业单位将预算管理作为规范单位经济管理工作秩序，推进党风廉政建设的重要抓手，制定了单位《预算管理暂行办法》，明确了预算管理的各级责

任主体和责任内容、组织领导、预算管理的关键阶段。

2.决策机构

W事业单位主任办公会是预算管理的决策机构,在单位的预算管理组织体系中居于领导核心地位。成员由单位领导班子组成,以主任办公会形式完成决策工作。主要职责是审定单位年度预决算和预算执行计划以及有关预算调整等事项。

3.执行机构

设立W事业单位经济管理领导小组,作为单位预算管理、组织、协调、指导和监督的议事协调机构。由W事业单位分管财务工作的领导任组长,分管纪检和审计工作的领导任副组长,成员由单位各处(室)负责人组成。主要职责是审议W事业单位"一上"预算草案,研究"二上"预算编制,研究年度预算执行计划,研究预算执行中的重大事项,研究年度决算编制,监督预算执行。

设立财务处,作为W事业单位经济管理领导小组办公室,主要职责包括:①负责组织制订和监督实施单位的预算管理制度。②负责具体组织和管理预决算编制工作。③负责汇总审核及考核预算执行计划,负责定期对预算执行进度进行报告、分析、通报、约谈和监督检查工作。

归口管理处(室),按照W事业单位处(室)职责分工,在预算管理环节,对特定类型的业务事项进行统筹分配、汇总审核,主要归口管理业务包括:①综合处归口管理公务接待、车辆购置和运行、采购、实物资产。②国际合作处归口管理因公出国(境)工作。③纪检监察与审计处归口管理合同管理工作。

设立业务处(室),主要职责:①根据业务工作计划以及上年度本处(室)决算情况,编制年度预算并负责可行性研究和论证。②负责本处(室)预算执行。③接受单位内部审计和上级财政、审计等部门的监督检查。

4.监督机构

监督机构设在纪检监察与审计处,主要职责是监督预算管理全过程、组织预算绩效评价、组织预算管理内外部审计。

**(二)关键环节的控制措施**

1.预算编制控制方面

做深做实前期研究,起草形成单位未来发展规划。在客观分析当前形势的基础上,确定单位"十三五"时期2016年到2020年发展的指导原则和重要发展目标,明确工作重点,既是单位今后五年工作的纲领性文件,也是预算编制、经费保障的重要依据。

做好预算编制前期准备各项工作。按照《中华人民共和国预算法》的要求,预算编制是单位的一项长期固化工作,应该提前做好各项准备工作,评估当年执行情况,分析下年度预算编制要求,开展项目遴选,组织专家论证,以提高预算编制质量。特别是结合单位发展规划,重视滚动预算管理,建立单位的预算项目库,充分发挥预算示范、引导和杠杆作用。

体现综合预算思想,实现预算的全口径。改变过去只重视财政经费预算编制的现象,结合单位收支特点,重点加强除当年财政拨款以外的事业收入、经营收入等其他资金的管理。强化单位的全口径预算管理,提高预算的完整性。按照国家的预算口径和报送格式,做好财政拨款收支预算和财务收支预算两个层次的编制。

2.预算执行控制方面

在预算执行开始时,强化预算执行的责任制,要求单位的主要负责同志与各业务处(室)负责人签订预算执行进度责任书,明确预算执行的各级责任。

在预算执行过程中,建立预算执行的月报制、通报制、公开制和分析制,即每月10日前,财务处要将上月单位总体预算执行情况报告主管部门;每月15日前,通过单位内网等形式,财务处要向单位主要负责同志和各处(室)负责人通报上月单位预算执行的总体情况以及各处(室)预算执行情况,实行动态情况公开;每季度,财务处分析单位预算执行和经济运行情况以及存在的问题和建议,经单位经济管理领导小组审核后,报告主任办公会。同时,注意强化预算执行的预警制和约谈制,加强资金规模、组织实施复杂的预算执行监控,财务处对执行进度慢的业务处(室)负责人予以警示;每季度末,对预算执行进度低于单位总体执行进度15个百分点的,财务处酌情约谈相关处(室)负责人;必要时,报请单位主要负责同志约谈处(室)负责人分管领导。辅以预算执行的督导制,财务处组织相关处(室)成立专门督导组,适时开展预算执行督导工作和会议,请执行较好的处(室)介绍经验和做法,执行较慢的处(室)逐一汇报执行缓慢的原因,提出预算执行的措施和办法。

在预算执行结束后,落实预算执行的审计制,纪检监察和审计处对预算执行情况进行审计(年中和年末),向单位主要负责同志报告审计情况;强化预算执行的问责制,将预算执行情况纳入各处(室)绩效考核范围,与处(室)负责人的奖惩情况挂钩,对预算执行中未达到目标的责任人实行问责。

3.决算和评价控制方面

决算工作要做到实事求是、不弄虚作假。财务处在日常会计核算中,要做好决算的编制口径与会计信息系统的衔接,要审核好原始凭证、复核好记账凭证,确保决算报表数据与会计账簿的相关数据一致。此外,要重视决算数据的分析和运用,加强决算与预算的有效衔接、相互反映,从而能够进一步提升单位的内部管理水平,提高资金的使用效益。

预算的绩效评价工作贯穿预算管理工作的全过程。预算编报时,要科学填报预算绩效目标,建立完善考核指标体系;在预算执行中,要严格按照预算绩效目标,科学合理组织实施;预算完成后,运用科学、合理的考核方法,客观公正地进行自评或者委托专门机构进行专项考评。最后,预算绩效考核的结果与预算安排相挂钩[①]。

## 二、收支管理内部控制设计

W事业单位的收支业务与资金流转密切相关,是单位内部经济活动的核心业务之一。收支管理主要包括收入管理和支出管理两个部分。

### (一)组织管理和职责分工

W事业单位的各项收支均由财务处归口管理并进行核算。主要职责包括:制定收支管理的内部财务制度;组织业务处(室)研究各项业务的收费项目,合理测算并制定开支标准,确保收支符合国家有关规定;要求各业务处(室)将签订的涉及收支的合同及时提交财务处,作为收支财务处理的依据;按照《事业单位会计制度》,及时、完整地进行会计核算;加强与业务处(室)进行收支业务的分析和对账,特别是加强收入款项的检查;严格执行"收支两条线"管理;加强收支业务中不兼容岗位相互分离的管控;加强支出审批、审核和支付管理。

### (二)流程设计

1.收入管理流程简要说明

结合W事业单位收入业务的特点,收入管理主要关注两个方面:一方面是承担的全国行业专业技术资格考试考务费非税收入管理工作,另一方面是单位内部经济活动产生的一般性收入管理工作。

2.支出流程简要说明

W事业单位支出管理在各处(室)的预算执行计划内,按照单位财务报销管理制度,明确领导审批、财务审核、支付、核算和归档程序。

### (三)关键环节的控制措施

1.收入管理控制方面

(1)非税收入

政府非税收入是政府财政收入的重要组成部分。近年来,财政部

---

[①]蔡晓慧.基层行政事业单位内部控制体系建设研究——以T市Ⅱ区房管局为例[J].会计之友,2018(13):108-112.

进行了一系列非税收入收缴管理制度改革。W事业单位已经开始纳入改革范围,按照要求,W事业单位将设立专门的中央财政汇缴专户,缴款人将非税收入直接缴入此专户后,非税收入实行直接缴库。这将改变过去非税收入先到单位基本账户,再通过上级主管部门缴至财政专户的情况。通过执收单位汇缴管理系统软件,使用《非税收入一般缴款书》上缴国库。改革后,作为中央执收单位能够将收到汇缴专户的非税收入及时上缴国库。由于此项非税收入属于地方代收中央分成的非税收入,地方的收缴政策和流程差别较大。W事业单位需要在每年考试结束后及时发布缴费通知,加强对地方的催收催缴管理。随着财政部对非税收入管理政策的进一步完善,中央财政与地方财政非税收入收缴信息联网逐步实现后,可以从技术上加强对非税收入的收缴管理。

(2)一般收入

W事业单位具备行业内专业人才评价的独特优势,与地方行业内单位就人才评价方面开展经济业务往来较多,涉及的金额从几千元至几十万元。这就要求,W事业单位在收入管理中从合同管理入手,业务部门应当将涉及收入的合同签订后及时交给财务处作为账务处理依据,财务处应当定期检查收入金额和合同签订的数量、金额是否一致。对于应收未收的合同项目,业务处(室)作为责任主体,在财务处的配合下,积极查明情况,落实催收责任。

2.支出管理控制方面

(1)支出审批

结合W事业单位经济活动的特点,科学完善内部审批权限,修订"三重一大"大额度资金使用要求。同时,在领导层设置A、B角色管理,保证领导不在期间,能够有相应领导在授权范围内审批。

(2)支出审核

财务处内部设置预算会计岗位、主管会计岗位和财务负责人岗位,执行财务内部审核和复核的职能。重点是审核预算执行是否在批复内,单据是否真实、合法,支出标准是否在相关标准规定范围内,财务报销提供的支持性材料是否完整。

（3）资金支付

加强财务内部资金支付印鉴的不兼容岗位管理,支票、银行印鉴由不同人分别管理;区分政府采购和非政府采购,准确填写货物、工程、服务的支付令;按照单位公务卡使用要求,对使用公务卡结算的业务,通过公务卡支持系统办理公务卡报销还款业务。

（4）制度完善

2013年以来,为落实国家厉行节约要求,财政部等部门出台了一系列制度。W事业单位结合单位实际情况,在国家规定范围内,抓紧完善配套实施办法,明确相关开支标准。

### 三、实物资产管理内部控制设计

#### （一）组织管理和职责分工

W事业单位实物资产的归口管理部门设在综合处,要充分发挥归口管理的作用,明确资产使用和保管责任人,将资产管理责任落实到人。主要职责是负责依据年度各处（室）提出的需求,编制固定资产采购计划及采购预算,按相关规定执行采购、验收并公示采购结果;负责单位所有固定资产实物的入库、统一分类编号和贴标等工作;负责建立健全中心固定资产实物台账,定期与资产使用部门、财务处对账;负责依据相关单据办理固定资产实物日常增减、变动和转移手续,及时通知资产使用部门做好同步变更记录;负责固定资产的维护、修理工作,对各处（室）固定资产的日常管理进行监督、检查和指导;负责固定资产的处置;每年底组织固定资产清查盘点并出具盘点报告,对盘盈、盘亏、毁损、报废、丢失资产提出处理意见。

财务处主要职责:①负责固定资产的统一核算,建立健全单位固定资产总账、明细账和固定资产卡片,采取"一卡一物,分类核算",正确填报有关会计报表。②负责按照综合处提供的支付申请和相关单据以及资产处置资料等固定资产增减变动有关证明,办理审核收付款项和会计核算。③配合综合处定期开展资产清查盘点。

业务处(室)主要职责:①负责处内固定资产的盘点自查,配合综合处定期或不定期对本部门固定资产进行清查盘点。②及时向综合处报告固定资产使用状况与重大事项。③各资产使用部门主要负责人对本部门固定资产的使用、保管和安全状况负主要责任,并指定员工兼职固定资产管理员,具体负责本部门固定资产日常管理。

考评处(室)对于涉及安全、保密等特殊要求的资产,要严格规定接触限制条件,要指定专人保管、专人使用,纳入单位实物资产统一管理。

**(二)流程设计**

W事业单位实物资产管理主要包括资产预算、采购、验收入库和处置环节(资产预算管理环节参照前述预算管理流程)。

**(三)关键环节的控制措施**

1.采购环节控制方面

严格遵循"先预算,后计划,再采购"的工作原则,根据国家相关配置标准和单位的需求情况编制政府采购预算。编制采购的计划要在上级部门批复的政府采购预算范围内进行。处(室)间加强沟通协调,保证资源分配的效率并控制采购成本。

考虑到单位资产的采购主要是纳入政府采购集中采购目录的货物和服务,应根据每年度财政部下发的政府采购目录执行采购,同一采购品目在一个季度内安排计划,注重采购的规模效益。

2.处置环节控制方面

W事业单位的资产处置主要体现在资产的报废、报损。按照上级主管部门要求,一次性处置单位价值或批量价值在人民币50万元以下的资产,由单位内部审批,并报上级主管部门备案;一次性处置单位价值或批量价值在人民币 50 万元（含）以上的资产，报上级主管部门审批。

在资产处置过程中，严格遵循公开、公平、公正的原则，超过 50 万元的资产处置通过单位主任办公会审定，所有资产处置均通过国务院机关事务管理局指定的单位进行。

资产处置后，按照"收支两条线"管理的要求，将处置收入上缴国库。

3. 日常管理环节控制方面

实现对资产的动态管理，在日常管理过程中，充分发挥统一的资产管理信息系统作用。注意做好几方面的具体工作：①综合处负责详细登记资产信息，建立好资产台账。②组织相关处（室）定期进行资产盘点，由于单位资产规模和种类有限，可每年安排一次。③盘点后，进行资产台账和财务账的核对，资产总账和明细账的核对。

### 四、合同管理内部控制设计

#### （一）组织管理和职责分工

W 事业单位的业务活动主要是通过签订合同的形式进行的。合同管理贯穿于单位日常经济活动的始终，包括资金管理、采购管理、外事管理等，涉及单位的各个处（室），需要各处（室）共同参与管理。重大的合同需要按照"三重一大"的审批流程，经单位主任办公会审定。

合同的归口管理部门应设在单位有法律职能的纪检监察与审计处。主要职责是指导单位各处（室）起草合同，参与重大合同的谈判与签订；审核单位各处（室）对外签署的合同，负责对单位合同进行编号、盖章和归档；负责单位合同专用章的保管，监督单位各处（室）合同履行情况；配合业务处（室）解决合同执行过程中遇到的问题。此外，单位专门聘请了法律顾问，纪检监察与审计处在合同管理过程中，应该充分发挥法律顾问的作用。

财务处主要职责：①审核合同预算是否合理、经费来源是否有保障。②按照合同规定及时办理结算业务。③配合纪检监察与审计处统计、核对经济合同的收付款项,督促有关处(室)落实款项收付工作。

业务处(室)主要职责:①负责对对方当事人进行资格审查。②起草、签订、履行合同须符合国家有关法律规定。③合同签署前应加强与合作方沟通,明确合同执行期限、合同金额、合作内容、双方权利义务,责任分担机制等内容,并积极与合同相对人进行洽谈,为单位争取最大的合法权益。④负责留存合同签署、履行过程中的相关资料(包括文件、电子邮件及单据等)。

## (二)流程设计

W事业单位合同管理主要分为合同订立、合同履行和合同保管环节。

## (三)关键环节的控制措施

### 1.合同订立管理控制方面

合同的立项要经过可行性论证,确保合同的目标与单位的工作职责、经营范围和整体规划相一致。重大合同应通过单位"三重一大"的审批流程。

纪检监察与审计处作为合同归口管理部门,要发挥专业特长,对法律关系复杂、专业技术较强以及社会影响重大的合同,组织法律、技术、财务人员审查资格和参与谈判,充分发挥单位聘请的法律顾问的作用。合同归口管理部门对业务处(室)未经授权或者超越权限签订的合同,要坚决不予审核。

### 2.合同履行管理控制方面

业务处(室)要重视合同履行过程,建立业务处(室)的合同负责制,对合同对方的合同履行情况和履行能力实行有效的监控。在发现对方有可能出现违约情况时,应该立即向单位相关处(室)报告,采取必要的行动。纪检监察与审计处要加强对合同履行情况的监督检查,对履行异常的合同应该及时补充、变更甚至解除合同。财务处在合同结算时,要对照正式合同的财务条款进行审核。不按合同条款履行的,应拒绝付款,并及时向法务部门和单位有关负责人报告。配合合同归口管理部门,共同维护合同履行管理台账信息。

3.合同保管控制方面

明确 W 事业单位的合同归口部门是合同存档保管部门,以全面掌握单位签订的全部合同的档案情况,最终实现合同的全过程封闭管理。合同归口存档也便于接受各级审计部门对单位合同管理的审计监督。随着单位合同签订的增多,单独设立单位合同专用章,由归口管理部门保管,按照合同管理流程使用,加强对合同专用章的管理。

# 参考文献
## REFERENCES

[1]蔡晓慧.基层行政事业单位内部控制体系建设研究——以T市H区房管局为例[J].会计之友,2018(13):108-112.

[2]陈秉群.行政事业单位国有资产管理实用手册[M].上海:立信会计出版社,2010.

[3]陈维青.企业内部控制学[M].大连:东北财经大学出版社,2013.

[4]耿晓玲.行政事业单位管理会计的应用研究——以A事业单位为例[D].济南:山东财经大学,2019.

[5]郭团团.事业单位固定资产核算探究[J].财会学习,2020(05):153,155.

[6]黄恒学.分类推进我国事业单位管理体制改革研究[M].北京:中国经济出版社,2012.

[7]李瑞芬.农村集体资产管理[M].北京:金盾出版社,2015.

[8]李悦.X事业单位内部控制体系优化研究[D].沈阳:沈阳大学,2018.

[9]刘迎利.透过资产报表谈行政事业单位的资产管理[J].财会学习,2020(03):184,186.

[10]卢建超.行政事业单位财务会计法规手册[M].成都:西南财经大学出版社,2013.

[11]罗玉,赵聚辉.浅析事业单位预算绩效管理[J].经济研究导刊,2019(28):73-74.

[12]秦敏.行政事业单位内部控制评价体系研究[J].合作经济与科技,2019(22):134-135.

[13]秦绥昌.鄂尔多斯市经营性国有资产监督管理中存在的问题及对策研究[D].呼和浩特:内蒙古大学,2017.

[14]屈丽萍.东莞市文化事业单位经营性国有资产投资管理研究[D].武汉:华中师范大学,2018.

[15]阮咏华.资产评估行业财政监督管理办法开启行业发展新局面[J].中国资产评估,2017(07):9-11.

[16]史清宇.DL公司全面预算管理研究[D].哈尔滨:哈尔滨商业大学,2019.

[17]杨荣荣.国有参股企业的国有资产监督管理问题分析[J].首席财务官,2019,15(08):24-26.

[18]杨晓峰.浅谈企业固定资产管理[J].中国商论,2019(23):142-144.

[19]姚玲.事业单位固定资产的内部控制与管理[J].财经界,2020(03):26-27.

[20]俞明轩.资产评估行业监督管理制度的历史性突破[J].中国资产评估,2017(08):4-7.

[21]郑建明,顾湘.公共事业管理[M].上海:上海交通大学出版社,2011.

[22]郑冶武.国有资产监督管理系统设计与实现[D].长沙:湖南大学,2017.